时尚、文化与身份认同

[美国] 弗雷德·戴维斯 著
熊亦冉 译

译林出版社

图书在版编目（CIP）数据

时尚、文化与身份认同 /（美）弗雷德·戴维斯
(Fred Davis) 著；熊亦冉译. -- 南京：译林出版社，
2025. 1. --（艺术与社会译丛 / 刘东主编）. -- ISBN
978-7-5753-0306-4

Ⅰ. G0

中国国家版本馆CIP数据核字第2024L74A45号

Fashion, Culture, and Identity
by Fred Davis
Copyright ©1992 by The University of Chicago. All rights reserved.
Licensed by The University of Chicago Press, Chicago, Illinois, U.S.A.
Simplified Chinese edition copyright © 2025 by Yilin Press, Ltd
All rights reserved.

著作权合同登记号　图字：10-2019-267 号

时尚、文化与身份认同　　［美国］弗雷德·戴维斯／著　熊亦冉／译

责任编辑　张海波
装帧设计　周伟伟
校　　对　施雨嘉
责任印制　董　虎

原文出版　The University of Chicago Press, 1992
出版发行　译林出版社
地　　址　南京市湖南路 1 号 A 楼
邮　　箱　yilin@yilin.com
网　　址　www.yilin.com
市场热线　025-86633278
排　　版　南京展望文化发展有限公司
印　　刷　江苏凤凰通达印刷有限公司
开　　本　652 毫米 ×960 毫米　1/16
印　　张　13.25
插　　页　4
版　　次　2025 年 1 月第 1 版
印　　次　2025 年 1 月第 1 次印刷
书　　号　ISBN 978-7-5753-0306-4
定　　价　58.00 元

版权所有·侵权必究

译林版图书若有印装错误可向出版社调换。质量热线：025-83658316

主编序

在我看来，就大大失衡的学术现状而言，如想更深一步地理解"美学"，最吃紧的关键词应当是"文化"，而如想更深一步地理解"艺术"，最吃紧的关键词则应是"社会"。不过，对于前一个问题，我上学期已在清华讲过一遍，而且我的《文化与美学》一书，也快要杀青交稿了。所以，在这篇简短的序文中，就只对后一个问题略作说明。

回顾起来，从率先"援西入中"而成为美学开山的早期清华国学院导师王国维先生，到长期向青年人普及美学常识且不懈地移译相关经典的朱光潜先生，到早岁因美学讨论而卓然成家的我的学术业师李泽厚先生，他们为了更深地理解"艺术"问题，都曾把目光盯紧西方"美的哲学"，并为此前后接力地下了很多功夫，所以绝对是功不可没的。

不宁唯是，李老师还曾在一篇文章中，将视线越出"美的哲学"的樊笼，提出了由于各种学术方法的并进，已无法再对"美学"给出"种加属差"的定义，故而只能姑且对这个学科给出一个"描述性的"定义，即包含了下述三个领域——美的哲学、审美心理学、艺术社会学。平心而论，这种学术视野在当时应是最为开阔的。

然则，由于长期闭锁导致的资料匮乏，却使当时无人真能去顾名

1

思义:既然这种研究方法名曰"艺术社会学",那么"艺术"对它就只是个形容性的"定语",所以这种学问的基本知识形态,就不再表现为以往熟知的、一般意义上的艺术理论、艺术批评或艺术历史——那些还可以被归到"艺术学"名下——而毋宁是严格意义上的、把"艺术"作为一种"社会现象"来研究的"社会学"。

实际上,人们彼时对此也没怎么在意,这大概是因为,在长期"上纲上线"的批判之余,人们当年一提到"社会学"这个词,就习惯性地要冠以"庸俗"二字;也就是说,人们当时会经常使用"庸俗社会学"这个术语,来抵制一度盛行过的、已是臭名昭著的阶级分析方法,它往往被用来针对艺术作品、艺术流派和艺术家,去进行简单粗暴的、归谬式的高下分类。

不过照今天看来,这种基于误解的对于"艺术社会学"的漠视,也使得国内学界同西方的对话,越来越表现为某种偏离性的折射。其具体表现是,在缺乏足够国际互动的前提下,这种不断"自我发明"的"美的哲学",在国内这种信息不足的贫弱语境中,与其表现为一门舶来的、跟国外同步的"西学",毋宁更表现为自说自话的、中国特有的"西方学"。而其流风所被,竟使中国本土拥有的美学从业者,其人数大概超过了世界所有其他地区的总和。

就算已然如此,补偏救弊的工作仍未提上日程。我们越来越看到,一方面是"美学"这块领地的畸形繁荣,其滥造程度早已使出版社"谈美色变";而另一方面,则是"艺术社会学"的继续不为人知,哪怕原有的思辨教条越来越失去了对于"艺术"现象的解释力。可悲的是,在当今的知识生产场域中,只要什么东西尚未被列入上峰的"学科代码",那么,人们就宁可或只好对它视而不见。

也不是说,那些有关"美的本质"的思辨玄谈,已经是全不重要和毫无意义的了。但无论如何,既然有了那么多"艺术哲学"的从业者,他们总该保有对于"艺术"现象的起码敏感,和对于"艺术"事业的起码责任心吧？他们总不该永远不厌其烦地,仅仅满足于把迟至18世纪才在西方发明出来的一个词语,牵强附会地编派到所有的中国祖先头上,甚至认为连古老的《周易》都包含了时髦的"美学"思想吧？

也不是说,学术界仍然对"艺术社会学"一无所知,我们偶尔在坊间,也能看到一两本教科书式的学科概论,或者是高头讲章式的批判理论。不过即使如此,恐怕在人们的认识深处,仍然需要一种根本的观念改变,它的关键还是在于"社会学"这几个字。也就是说,必须幡然醒悟到,这门学科能为我们带来的,已不再是对于"艺术"的思辨游戏,而是对这种"社会现象"的实证考察,它不再满足于高蹈于上的、无从证伪的主观猜想,而是要求脚踏实地的、持之有故的客观知识。

实际上,这早已是自己念兹在兹的心病了。只不过长期以来,还有些更加火急火燎的内容,需要全力以赴地推荐给读者,以便为"中国文化的现代形态",先立其大地竖起基本的框架。所以直到现在,看到自己主持的那两套大书,已经积攒起了相当的规模,并且在"中国研究"和"社会思想"方面,唤起了作为阅读习惯的新的传统,这才腾出手来搔搔久有的痒处。

围绕着"艺术与社会"这个轴心,这里收入了西方,特别是英语学界的相关作品,其中又主要是艺术社会学的名作,间或也包含少许艺术人类学、艺术经济学、艺术史乃至民族音乐学方面的名作,不过即使是后边这些,也不会脱离"社会"这根主轴。应当特别注意的是,不同于以往那些概论或理论,这些学术著作的基本特点在于,尽管也脱离不了宏观架构或历史脉络,但它们作为经典案例的主要魅力所在,却是一些让我们会心而笑的细节,以及让我们恍如亲临的现场感。

具体说来,它们要么就别出心裁地选取了一个角度,去披露某个过去未曾意识到的、我们自身同"艺术"的特定关系；要么就利用了民族志的书写手法，去讲述某类"艺术"在某种生活习性中的特定作用；要么就采取还原历史语境的方法，去重新建构某一位艺术"天才"的成长历程；要么就对于艺术家的"群体"进行考察，以寻找作为一种合作关系的共同规则；要么就去分析"国家"与艺术间的特定关系，并将此视作解释艺术特征的方便门径；要么就去分析艺术家与赞助人或代理人间的特定关系，并由此解析艺术因素与经济因素的复杂缠绕；要么就把焦点对准高雅或先锋艺术，却又把这种艺术带入了"人间烟火"之中；要么就把焦点对准日常生活与通俗艺术，却又从中看出了不为人知的严肃意义；要么就去专心研究边缘战斗的阅读或演唱，暗中把艺术当作一种抗议或反叛的运动；要么就去专门研究掌管的机构或认可的机制，从而把赏心悦目的艺术当成了建构社会的要素……

凡此种种，当然已经算是打开了一片新的天地，也已经足够让我们兴奋一阵的了。不过我还是要说，跟自己以往的工作习惯一样，译介一个崭新的知识领域，还只应是这个程序的第一步。就像在那套"中国研究"丛书之后，又开展了同汉学家的对话一样，就像在那套"社会思想"丛书之后，也开展了对于中国社会的反思一样，等到这方面的翻译告一段落，我们也照样要进入"艺术社会学"的经验研究，直到创建起中国独有的学术流派来。

正由于这种紧随其后的规划，对于当今限于困顿的美学界而言，这次新的知识引进才会具有革命的意义。无论如何都不要忘记，"美学"的词根乃是"感性学"，而"感性"对于我们的生命体而言，又是须臾不可稍离的本能反应。所以，随便环顾一下我们的周遭，就会发现"美学"所企图把捉的"感性"，实在是簇拥在生存环境的方方面面，而且具有和焕发着巨大的社会能量，只可惜我们尚且缺乏相应的装备，去按部就班地追踪它，去有章有法地描摹它，也去别具匠心地解释它。

当然,再来回顾一下前述的"描述性定义",读者们自可明鉴,我们在这里提倡的学科拓展,并不是要去覆盖"美的哲学",而只是希望通过新的努力,来让原有的学识更趋平衡与完整。由此,在一方面,确实应当突出地强调,如果不能紧抓住"社会"这个关键词,那么,对于作为一种"社会现象"的"艺术",就很难从它所由发出的复杂语境中,去体会其千丝万缕的纵横关系;而在另一方面,恰正因为值此之际,清代大画家石涛的那句名言——"不立一法,不舍一法",就更应帮我们从一开始就把住平衡,以免日后又要来克服"矫枉过正"。

刘　东

2013 年 4 月 24 日于清华园立斋

谨献给赫伯特·布鲁默（1900—1987）
从他那里我获得了勇气，去认真对待那些被美国社会学界认为无聊且轻浮的话题。

目　录

致　谢 1

第一章　服装能说话吗？又何以成为时尚？................................ 1
第二章　身份矛盾，时尚的燃料 15
第三章　性别矛盾：男孩终归是男孩，女孩亦然 23
第四章　地位矛盾：炫耀与伪装 43
第五章　性矛盾：色情与贞洁的辩证法 63
第六章　作为周期与进程的时尚 81
第七章　时尚进程的各个阶段 97
第八章　反时尚：否定的变迁 129
第九章　结论及若干补充 154

参考文献 167
索　引 179

致　谢

我的这项工作经过这十年多的时间终于得以完成，但我也为此欠下了许多文债，此处所提及的诸多个人、组织和机构所给予我的关注、帮助和支持，谨以此简短致谢是无法回报的。对此我深表歉意，并相信各方能够像慷慨地给予我时间、思想和资源一样，包容我的不足。

首先，我要感谢我所采访过的几十位来自圣迭戈、洛杉矶和纽约等地的服装行业、时尚媒体等相关领域的业余人士。对其化名的承诺并非轻视他们与我分享的经验和智慧，相反，正是这些经验和智慧让我在整个工作过程中大为受益。

加州大学圣迭戈分校学术评议会的研究委员会为我提供了几笔小额资助，这极大地促进了我的研究。我要感谢我获得赠款时任职于该委员会的教职人员。感谢洛克菲勒基金会在1989年赞助我在意大利贝拉焦研究和会议中心开展为期一个月的短期学习，在那里我写就了本书的第一章，并为另一章整理了笔记。我相信任何乌托邦式的规划者都无法设计出更为田园诗般的环境来思考和写作，同时在智性高度上与各领域的学者和艺术家为伴。

我要特别感谢以下几人，如果没有他们的友谊和帮助，这项工作中的大部分研究将难以启动或完成。他们分别是纽约J'Envie服装公司的罗伯特·巴斯（Robert Bass），加州大学戴维斯分校纺织服装系的苏珊·凯瑟（Susan Kaiser），前纽约《大道》杂志编辑琼·克朗（Joan Kron），以及巴黎社会与艺术中心主任雷蒙德·穆兰（Raymonde Moulin）。我相信他们会在书中找到理由，令其不后悔为这部作品如此慷慨付出过。

多萝西·加夫尼（Dorothy Gaffney）曾是加州大学圣迭戈分校的本科生，而希拉·希特曼-索恩（Sheila Hittleman-Sohn）目前是该校社会学系的博士生，他们与我一起辛勤致力于研究的方方面面。特此感谢他们。我的妻子玛塞拉（Marcella）对服饰的日常知识熟稔于心，这帮我克服了信息和概念上原本无法逾越的诸多障碍。谨此对她给予的持续鼓励表示感谢，以表明她对这项工作的重要影响。

我还要特别感谢以下服装公司，他们允许我复制其页面上的照片：Jerell Inc.（达拉斯）、Perry Ellis International（纽约）、Smith & Hawken（加利福尼亚州米尔谷）、Talbots（马萨诸塞州欣厄姆）和 Tweeds Inc.（新泽西州埃奇沃特）。

对于本书部分章节已出版的较早版本，在此一并予以感谢：第一章，以《作为沟通的服装与时尚》（"Clothing and Fashion as Communication"）为题，收录于迈克尔·R. 所罗门（Michael R. Solomon）编著的《时尚心理学》（*The Psychology of Fashion*, Lexington, Mass.: Heath, 1985）；第三章，以《服装、时尚与身份的辩证法》（"Clothing, Fashion and the Dialectic of Identity"）为题收录于卡尔·库奇（Carl Couch）和大卫·梅恩斯（David Maines）编著的《沟通与社会结构》（*Communication and Social Structure*, Springfield, Ill.: Charles C. Thomas, 1988）；第四章，以《女佣的制服和蓝色牛仔裤：服装和时尚中地位矛盾的戏剧性》（"Of Maids' Uniforms and Blue Jeans: The Drama of Status Ambivalences in Clothing and Fashion"）为题，收录于《定性社会学》（*Qualitative Sociology*），总第12卷，第4期（1989年冬季刊）；第五章，以《服装中的身份矛盾：色情与贞洁的辩证法》（"Identity Ambivalences in Clothing: the Dialectic of the Erotic and the Chaste"）为题，收录于大

卫·梅恩斯编著的《社会组织与社会进程：安塞尔姆·施特劳斯纪念文集》(*Social Organizations and Social Process, Essays in Honor of Anselm Strauss*, New York: Aldine de Gruyter, 1991)。

最后，谨以此书献给已故的赫伯特·布鲁默(Herbert Blumer)教授，以表达我最深刻的、延续至全部职业生涯的感激之情。20世纪40年代末，他对时尚的关注率先启发了还是芝加哥大学社会学系研究生的我，而后我又有幸继续从彼此在加州大学多年的合作中汲取灵感。

弗雷德·戴维斯
加利福尼亚州拉霍亚
1992年1月

第一章　服装能说话吗？又何以成为时尚？

> 只有浅薄的人才不以貌取人。世事的奥秘不在其内，而在其表。
> ——奥斯卡·王尔德（Oscar Wilde）　1

　　在这个自我意识高涨的时代，我们所穿的衣服本身就是一种表达，这几乎已是陈词滥调。但是，服装、化妆品、香水以及发型，更别说那些我们身边的其他人工制品，我们通过它们做出的陈述，其本质是什么？这种陈述是否类似于我们在聊天或写作时、在与同伴交谈时所使用的语言？简而言之，正如小说家艾莉森·卢里（Alison Lurie, 1981）最近所声称的那样，服装难道不是一种视觉**语言**，有自己独特的语法、句法和词汇吗？或者说，这种表述是否更像音乐，其中所唤起的情感、典故和意境几乎必须抵制我们能够赋予日常生活的对象和行为的明确意义：这把椅子、那间办公室、我的薪水、你的离开？如果是后者，那么把它们视作陈述也许就不正确了。或者服装有时候起到这方面的作用，有时候起到那方面的作用，又或者可能两者兼而有之，也就是说，它清楚地表明了我们是谁，并希望被看作谁，同时又能唤起一种"仅仅作为暗示"而非能够（或打算）准确表达的气氛？[1]　3

---

[1] 罗伯特·赫里克（Robert Herrick, 1579—1674）的诗作《凌乱自得》最能体现这一点，即服装的效用更倾向于暗示而非陈述：　　　　　　　　　　　　　　　　　（转下页）

文化学者要想理解一种定期引发其思考的现象，就必须解决这些问题（到目前为止尚未做到），遗憾的是，这与其说是为了理解现象本身，倒不如说是为了揭示现代社会的某些基本特征，即社会运动、社会分层以及大规模生产的品味。当然，我谈论的是时尚及其诸多方面：它在文化和社会结构中的来源，它在社会内部和社会之间传播的过程，它在社会分化和社会融合中的目的，它所能满足的心理诉求，尤其是它对现代经济生活产生的影响。但奇怪的是，社会学家并未注意到某个面向——心理学家或人类学家也对此建树甚微——正是这个面向将时尚的制造者、供应商和消费者联系在了一起，即它的意义。所谓意义，我指的是新奇抑或古旧时尚所传达的形象、思想、情感和鉴赏力，以及实现这一点的象征性手段（Davis，1982）。这种分析上的疏漏让我感觉像是在看一场听不到对白的话剧，只能凭借粗略的姿态轮廓、场景和道具来观察。尽管我们可能会对正在上演的剧情略知一二——无论是喜剧、悲剧还是情节剧，无论是关于爱情、谋杀还是背叛——但我们对其中的缘由只有最模糊的认识。就社会学对服装和时尚的兴趣而言，我们知道人们会通过着装来传达有关个体的某些信息，而在集体层面上，这通常会导致他们被象征性地定位在一种充斥着地位诉求和生活方式依附的结构化经验体系中。我们中的一些人甚至会大胆断言这些主张和依附是什么——"佯装贵族的流浪汉""掩饰身份焦虑的新贵排场"——但正如无声剧所显示的那样，我们无法理解实际引起这种解释的象征性内容。由于缺乏这样的知识，我们充其量只能得出结论，却不知其所以然；这已是我们日常生活的一部分，但就其本身而言，它很难满足科学的要求。

（接上页）

凌乱的盛装	周围的丝带凌乱拂动；
燃起浪荡	不安分的衬裙
细棉布于香肩飘动	仿佛胜利者的浪潮（让人留意）；
令人神魂飘荡；	鞋带漫不经心地扎系
错位的蕾丝散落	于我是有礼的放浪；
凸显红色胸衣的魅惑；	相比于处处拘谨的艺术，
无人留意的袖口	这凌乱的情趣更让我神往。

（摘自《牛津英语诗集》，亚瑟·奎勒-库奇爵士编，纽约：牛津大学出版社，1941）

服装编码

在过去十多年里，社会科学和人文学科的一些新思潮已经开始为跨越时尚社会学分析的鸿沟带来了希望，尽管这一空白尚未完全得到填补。我指的是新兴的——有人称之为杂食性的（无所不包的），这并非毫无道理——符号学领域，尤其是它的开创性概念，即编码是共识的纽带，它既形成了一个话语领域，又由此构成了相关的社会安排。遵循艾柯（Eco, 1979）的路径，我认为服装的款式，以及随着时间的推移不断影响它们的时尚构成了近似于编码的东西。然而，这是一种与密码学中的代码截然不同的符码；也不能笼统地等同于支配言说和写作的语言规则。与之相比，正如语言学家所说，服装的编码是"弱语义的"。或许最好将其视为一种初始代码或准代码，尽管它必须借用传统的文化视觉和触觉符号，但这种借用是模糊的、含混的和不明确的。因此，这种编码的关键术语（织物、质地、颜色、图案、体积、轮廓和场合）的排列组合及其产生的意义将永远处在变化或"进行中"。[1] 人类学家和语言学家爱德华·萨丕尔（Edward Sapir, 1931: 141）早在五十多年前就曾以其独特的洞察力对时尚做出过以下评论：

> 理解时尚表面上的变幻莫测的主要困难在于缺乏对附着于形式、色彩、质感、姿态及其他特定文化的表现元素之上的无意识符号的确切理解。其中的一些表现元素在不同地区所倾向的符号指涉往往大相径庭，这一事实显然提升了难度。例如，哥特式风格在德国是民族主义的象征，而在盎格鲁-撒克逊文化中，几近相同的风格却被古英语称为……[象征着]对牧歌和锡器的怀念。

---

[1] 莱文（Levine, 1985）认为，几个世纪以来，西方社会思想和社会科学界对以分析建构的方式讨论歧义性（ambiguity）已经形成了一种近乎约定俗成的厌恶。这可能有助于解释许多社会科学家的倾向，特别是像列维-斯特劳斯（Lévi-Strauss）和巴特这样的现代结构主义者，为什么会如此轻易地将服装表达同化为索绪尔语言模型的公理结构。

显然，尽管萨丕尔所说的元素确实在某种程度上唤起了"意义"——在各种着装群体中充分共享的意义——但正如音乐那样，它是**如何**发生的还尚不清晰。[1]这显然涉及与设计元素的关联（如：棱角＝男性化；曲线＝女性化），以及与场合（如：深色＝正式、严肃、商务；浅色＝非正式、便装、休闲）和历史参照系的关联（如：绑带、束腰和束身衣＝维多利亚时代，女性解放以前；宽松、小体量服装、露肤＝第一次世界大战后的现代）。然而，正如麦克拉肯（McCracken, 1985a）曾在其研究中充分证明的那样，并不存在像言说和写作模板那样受规则支配的固定公式来应用和并置这些元素。与语言的对应充其量只是一种隐喻，在麦克拉肯看来这甚至是一种误导性的隐喻。席尔（Schier, 1983）在对罗兰·巴特（Roland Barthes）《流行体系》（*The Fashion System*）的批判中很好地阐释了这一点："当然，认为我们通过穿搭来实现自我表达自然是有道理的，尽管无法过于刻意地在每种选择中找出一套编码的规则。"[2]查斯特（Chast）的漫画更显著地体现了这一点。

同样，完全有理由在赋予大部分服装以确切意义的同时保持暂时性的审慎态度。同一件衣服，去年"表达"的理念在今天将会大为不同，而到了明年又会另当别论。因此，歧义性在西方社会的当代着装规范中普遍存在，而且正如我们所预见的那样，这种现象将会愈演愈烈。

除了这种极为强烈（如果不是压倒性的话）的歧义性，我还要补充时装编码的另外三个显著特征，尽管事实上还有更多特征可以引

---

[1] 尽管是在配饰这样相对有限的领域内，布吕巴赫（Brubach, 1989c, 67）在其关于墨镜时尚的研究报告中仍给出了一些提示，即这些意义是如何实现的："米恺力（Mikli）[墨镜设计师]刚刚为雷朋（Ray-Ban）眼镜的国际部门设计了一个系列——五款墨镜镜架，作为男性经典款的女性化替代版。这些镜架向上弯曲且没那么冷峻，使人联想到微笑时眼角上扬的样子；线条弯曲而非笔直；雕塑般的轮廓使其有别于旅行者系列（雷朋早期大获成功的男性化风格）。米恺力认为，这有可能完全转换**凝视**（le regard），为面部赋予截然不同的表情——暴力、性感、甜蜜，抑或任何表情。因此，即使眼睛是被隐匿的，但通过以某种夸张形式再现眼睛的样子，太阳镜也可以重获**凝视**，重塑脸庞。"

[2] 德康（Descamps, 1979）像巴特那样创建了详尽的解码体系，但我认为这是以虚假的精确度来理解服装和时尚的"意义"。

解码朗达·珀尔马特三世的时尚宣言

R. 查斯特绘制;©《纽约客》杂志公司(1988)。

述。[1]例如，恩宁格（Enninger，1985）就对此进行了多达三十一条的罗列。第一，它在很大程度上具备语境依赖性；第二，不同社会阶层和品味群体对其符号构成的理解和欣赏方式存在很大差异；第三，它——至少在西方社会——更注重"底码"（undercoding），而非精确性和明确性。

语境依赖性

也许，与日常面对面交流中产生的话语相比，时装编码具有更高的语境依赖性。亦即，服装的某种组合或某种特定风格所强调的"含义"会因为穿戴者的身份、场合、地点、同伴，甚至是穿戴者和观察者的情绪等模糊且短暂的因素而迥然有别。尽管材质相同，但葬礼面纱上的黑纱与缝在睡袍上的黑纱意味完全不同。同样，在户外烧烤时"极为合身"的休闲套装，穿去上班就会有截然不同的含义，尤其是如果你恰好不住在南加州的话。

能指-所指关系的高度社会易变性

虽然构成风格、外表或某种流行趋势的能指在物质意义上对每个人而言都一样（毕竟，翻领的宽度在萨维尔街和西尔斯百货没什么差别），然而对于不同的公众、受众和社会群体来说，所指（内涵、理解、唤起、暗指或表达）至少在一开始就是截然不同的：保守派与实验派，时尚敏感者与时尚冷漠者，时尚创造者及其圈子与时尚的消费者（甚至包括相对成熟的消费者）。概言之，尽管在结构上绝非严苛的等级制度，但与服装、化妆品、发型和珠宝——甚至是身体自身的体型与举止（Fraser，1981：215—219；Hollander，1980）——相关的意义结构，在品味、社会身

---

[1] 例如，当发言者转换说话方式时，言语信息会不断延展，然而在穿戴者决定换装之前，一套衣服仅能传达一种信息，无论它多么复杂。从另一个角度来看，除非以书面形式记录，否则语言很快就会消失，而服装则会在邂逅过程中始终保持意义。此外，正如已故的赫伯特·布鲁默（1984）在回复我发给他的本章早期版本时提醒我的那样，"虽然服装可能会'说话'，但它似乎很少参与对话。意义调整（这是对话的标志）过程中的给予和接受似乎并不会发生在着装的展示中；虽然衣服可能会说些什么，但它几乎不参与交谈"。

份和个体对社会象征物的获取机会方面都是高度分化的。

事实上，正如第一批论述该主题的社会科学家所率先表明的那样（Sapir, 1931；Simmel, 1904；Tarde, 1903；Veblen, 1899），正是现代社会的差异化与社会分层的特征推动了时尚的发展，并充当了时尚运动的背景。在我看来，这些学者［尤其是凡勃伦（Veblen）和齐美尔（Simmel）］过分强调了基于社会阶层分化的时尚动机。不过，对于同时期的所有社会成员而言，服装风格和时尚的意义不尽相同，且正因为这一点，穿什么很可能被转换为对社会阶层和地位界限的象征性维护，而对于这一点的积极肯定，这批学者功不可没。

同样的文化产品对不同的群体和公众隐含着不同的意义，这一点显然几乎同样适用于现代文化中的任何表现载体，无论是最新的先锋派绘画、高科技家具，还是电子音乐作品，不一而足。然而，在着装和外表的象征领域中，相较于其他表现领域，"意义"在某种程度上往往更为模糊和分化。（这在时尚周期的第一阶段尤为如此，稍后将加以说明。）意义之所以更为模糊，是因为通常很难让人们以同样的方式解释相同的服装符号；在符号学术语中，服装符号的能指－所指关系是极为不稳定的。然而，其意义的分化程度更大，这是因为围绕服装符号形成的可识别的思想、图像和联想在不同社会阶层和亚文化品味之间存在着巨大的差异（Gans, 1974）。

以20世纪80年代中期风行于特定女性群体且近似军装的男性风格为例：廓肩，锥形下摆，及膝。我认为即使到现在都很难推断这种款式对广大时尚消费者而言意味着什么。最初可能有几种不同的解释，只是在时尚充分流行之后，相互竞争的不同解释中才浮现出了作为象征性主导的部分综合，亦即对男性权威的挪用；与此同时，它还能够以极度夸张的造型明确地削弱任何男性气质的严肃主张。

但无论最终达成了怎样的共识，接触到廓肩倒锥造型的小圈子、受众及公众都必然会以截然不同的方式展开感知和回应。对于国际时尚精英而言，这似乎意味着对军事风的性别倒置的戏仿。另一方面，追求时尚的城郊社会名流起初会反感于这种凌厉的造型，因为这可以看作对传统女性气质的视觉颠覆。然而，它却受到了许多职业女性的青睐，因为这一风格貌似使其远离了女性不受待见的刻板印象，即无力而屈从。不过，从滞后的零售额来看，大部分主流的中产家庭主妇认为类似的"造型"往好了说是无关紧要的，往坏了说则是难看的奇装异服。很难推断这种风格对工厂女工和文职人员而言有什么意义。就算他们完全认识到了这一点，他们可能仍然会觉得这是毫无意义的，尽管对其他人来说，在孕育着意义的事物中，无意义本身就是一种缺失的意义。

底码

服装风格会在不同的社会群体中引发如此不同的反应，这表明了服装编码的另一个显著特征及其所隶属的时尚潮流。也就是说，除了制服（作为规则的制服清晰地规定了穿戴者的职业身份，参见Joseph，1986），服装与通常意义上的艺术一样，底码[它在此处与内衣（underclothing）的相似发音可能反倒是恰当的]在意义的传达中尤为重要。根据艾柯（1979，135—136）的说法，当缺乏可靠的阐释规则时，人们通常会在无意识的情况下根据诸如手势、语调、语速、表情、语境、背景、文本中的特定意义、结果、表现等难以明确的线索展开假设或推断，底码正是在这种情境下产生的。我们从诗人赫里克的"错位的蕾丝""鞋带漫不经心的扎系""无人留意的袖口"中获取的情色信息，也许是证明底码的绝佳例证。[1]

与此同时，如果认为服装和时尚的底码必然是疏忽所致，抑或认为构成编码的单元元素的内在性（面料、颜色、剪裁、纹理）导致了其无法像文字或图像那样得到清晰表达，那就大错特错了。（同样，穿制服证明了对于那些希望为自己建立明确的角色标识的人来说，服装能够提供确切

---

[1] 另一个迷人例证源自吉赛尔·达萨伊（Gisele d'Assailly）的著作《优雅时代》（*Ages of Elegance*），该书说明了服装领域的底码在线索极少的基础上暗示大量信息的能力（Paris: Hachette，1968）。她在书中写道，玛丽·安托瓦内特（Marie Antoinnette）及其随从经常以这样的隐喻来形容服饰，比如"带有**抑制叹息**的裙子，布满了**冗余的遗憾**；其间饰以些许**率真**的搭扣；……一顶饰有**善变**的羽毛和**满是愁容**的飘带的帽子"（黑体为原文所有，139；引自Rosencranz，1972：287）。

的含义。）相反，重点是时装编码大体上更接近于审美编码，而并非日常交流中的传统符号编码，比如以信息为导向的语音和文字、信号灯、数字和图表，或道路和交通标志。正如卡勒（Culler，1976：100）敏锐观察到的那样：

> 这些［审美］编码回避复杂性的原因非常简单。［传统符号］编码旨在直接而明确地传递已知信息和概念……但审美表达旨在传达尚未形成的概念、微妙之处，［和］复杂性。因此，一旦审美编码被视为一种准则（作为表达既定观念的方式），那么艺术作品则通常倾向于超越界定。他们在探索其内涵和外延的同时，也在试图实现对它的质疑、模仿和逐步削弱。甚至可以说，艺术作品的大部分兴趣似乎在于探索和调整其正在利用的编码方式。

社会学家尤为关注但卡勒并未表明的是，这一编码的变动并非自发的，而是似乎完全神秘地依赖于某种被称为"审美表达"的神奇力量。在影响艺术或工艺激活特定而非其他编码变动能力的纯粹技术契机和限制之外（Becker，1982），还有制造商、公关人员、评论家、销售商和创新者（其中一些是真正的艺术家）可以激活、阻碍，抑或以其他方式调节在创作者和消费者之间传递的编码变动。这并非像一些马克思主义者所认为的那样，此处发生的一切都可以归结为某种阴谋、自私、利益驱动的联盟，且该联盟的经济利益在结构上相互依存。不过，如果忽视了该利益在从创造到消费的过程中的影响，那么就等同于将持久的效力归因于自由飘浮的幽灵。[1]

这种隐含在审美表达中的强烈暗示似乎是无可辩驳的。在某种程度上，服装的时尚层面可以被视为审美表达，这是很有必要的，因而我们

---

[1] 鉴于此，时尚史上的很多失败案例都是设计师、制造商、公关人员等试图强行向大众推广新风格时遭遇的失败。最近的一次恶名或许来自《女装日报》（*Women's Wear Daily*）的出版商约翰·费尔柴尔德（John Fairchild），他曾通过其影响力极大的刊物为20世纪70年代遇冷的"迷笛造型"（midi look）代言。

需要更好地理解时尚本身与我笼统称之为"着装规范"的关系。

时尚与着装规范

到目前为止,可以断言的是,与一般的语言和文字相比,它的指涉物(符号学中的"所指")可能是模糊而费解的,我们的穿戴之物(化妆品、珠宝和发饰等)都可归入规范的一般概念之下。这意味着在被称为"当代西方文化"的广义范围内,大量的符号规范存在于服装之中,正如在一般的艺术和手工艺中一样。因此,服饰搭配及其相应的品质可以为穿戴者及其观众提供足够一致的含义。(在当今世界,网球服绝不会被误认为正装,尼赫鲁夹克也绝不会被认为是工装,尽管偶尔会有"怪咖"固执己见。)

当提及品质时,我指的是诸如面料、颜色、质地、裁剪、重量、编织式样、透明度等服装特征,以及任何影响服装及其周边装饰在穿戴者群体中的反响的因素。在"衣着共同体"中,哪些品质会对着装的诉求有影响,哪些品质没有影响,这在某种程度上都可以用类似于语言学中关于语音/音位区别的术语予以概念化。然而,作为交流方式的服装与言语的最重要的区别在于,服装能指之间的**有意义**的差异并不像"言语共同体"所使用的语音那样清晰和标准化(参见 Hawkes, 1977: 23—28)。

正如我所表述的那样,从本质上说,服装的意义与文化相关,亦即所有可被视为共识的东西(我们吃的食物,听的音乐,拥有的家具,关于健康的信念,总之,我们全部的象征世界)都是文化性的。或者正如乔治·赫伯特·米德(George Herbert Mead, 1934)所说,本质上,我们所穿的衣服——即便并非十分精确(存在显著差异,尽管我并不打算在此过多展开)——在我们自己和他人身上都唤起了相同的形象和联想,即使不同时期、不同群体会赋予它们不同的价值观。例如,男性嬉皮士的齐肩长发对他和他的朋友们来说是中性的解放,但对更为保守的同时代人而言,则意味着反常的双性化和浮夸的慵懒。但是,即使是对同一种装束或整体造型的不同解读也很有意义,前提是各自都明白所谓"出处",而大家通常也都深谙此道。

那么，如果一个社会的成员对"如何解读"不同的服装、不同的搭配和不同的风格有充分共识的话，那么时尚从何而来？**时尚**仅仅是某种独特风格的另一种定义方式吗？或者更笼统地说，正如罗伯特（Robert）和珍妮特·劳尔（Jeanette Lauer）所定义的那样："只是特定时期特定群体的形式风格……且该风格是恰如其分或备受青睐的？"（1981，23）这些定义以及其他类似定义的问题在于，它们未能详尽区分时尚本身与特定时期内社会普遍确立的着装规范（习俗化的能指、公认的趣味标准等）。可以肯定的是，即使在这些定义中，当论及某种形式或流行风格时，依然暗示着正在生效的规则与我们称之为"时尚"的那些元素之间存在某种差异，以及风格将随着时间的推移而延续。但是，由于未能区分时尚周期的最后阶段（即某种风格已成为通常术语的一部分时）和周期伊始阶段（即新的风格总让我们不安或至少有些茫然时）分别发生了什么，因此时尚的含义消失了。当然，正是这种差异导致了那一耳熟能详的观点：时尚的讽刺之处在于，它在广为流行的同时可能就已经过时了。

显然，任何试图理解风格、习俗、传统、可被接受衣着和流行款式的**时尚**定义都必须将重点放在我们经常与该术语相联系的变化因素上。（根据《牛津英语词典》的说法，时尚一词源于古法语，原指"制造"，正如今天的用法一样，有"打造"之意。）正如语言学家索绪尔所言（MacCannell and MacCannell，1982：10），在交流层面上，我们必然会借助**变化**表明能指与所指关系的一些转变，尽管始终需要牢记的是，服装中的**能指**与其指涉物、属性或价值之间的关系，远不如书面或口头语言那么统一或准确。无论如何，如果要区分时尚及诸多与之相关的术语，就必须指出视觉惯例规范的一些变化，我们通过这些规范来解读我们和同代人着装的不同含义。这种变化可能包括引入全新的视觉、触觉或嗅觉能指，或恢复那些虽已消退但仍残留在记忆中的旧能指（Davis，1979），抑或从不同的方面再度强调当下已经熟悉的能指；但是必须要有变化，才能称之为**时尚**。

我承认，此处回避了这样的问题，即要谈论时尚而非一种流行风格或公认的着装规范时，这些变化究竟涉及多大的范围。每一季在下摆长度、收腰或收胯、廓形或翻领宽度上的明显微调，是否代表了足以称之为**时尚**的规范调整幅度？我们的直觉会予以否定，但在这一问题上过于武断绝非明智之举。日常着装、服饰设计和商品销售的现实世界可能存在诸多不确定因素，这在很大程度上取决于声明新的时尚规范调整符合谁的利益，谁又会因此抵制这样的声明。对于那些被认为是时尚引领者的小圈子及其受众来说，这显然是在时尚意义上进行的（哪怕仅是微小的）改变。对于那些对时尚漠不关心以及游离于时尚立场之外的人来说（Kinsley, 1983），他们倾向于否认或低估那些试图偷偷进入其衣橱的规范调整。从现象学和社会学的角度来看，人们在理想情况下希望将时尚一词限制在那些无论其表面特征如何，都能在第一眼看到时，让某些文化上占主导地位的公众（在美国，即所谓中产阶级）感到惊愕、着迷、冒犯，或以其他方式调动了其感官的规范调整上。他们对规范调整的接受抑或拒绝将决定它是大获成功的时尚，还是仅作为一种徒劳的象征性姿态而从历史中退场。

时尚与社会身份

是什么推动了我所说的着装规范调整，并使其成为时尚的？推动力从何而来？是什么使其在西方文明中持续了六百多年？它是否像许多人认为的那样，仅仅是一种打发无聊的手段？还是如其他人所说，这是一种可自我延续的资本主义文化阴谋，一种隐匿的制度化体系，旨在通过定期淘汰衣物以获取利润？

这种无聊论和利益导向的阴谋论阐释，有几分道理，但并不多。[1]（可以在社科理论文献中找到对此的详尽阐述。）这两种阐释，以及我稍

---

[1] 简单地说，这两种解释都可以通过考量以下情况而得到解决。如果我们有充分理由相信，无聊是人类普遍存在的一部分，那么为什么时尚周期只是西方文明的产物呢？它在前现代的民间和部落社会中并不存在；就这一点而言，它也鲜见于古埃及和中国等其他高级文化和文明中。至于以利润为导向的阴谋论，如果不是假定的阴谋论者经常成功地制造出轰动一时的时尚失败案例，这将更有说服力。至少看起来，对于是否要追随新的时尚，他们所反对的人的"陈述"更有说服力。我认为社会身份为理解这种"陈述"提供了框架。

后将讨论到的其他阐释，都严重忽视或至少严重低估了我们称之为"时尚"的复杂社会过程中所存在的另一种因素的重要性，即设计师的观念最终会被转化为消费者的购买和消遣的错综复杂的过程。我所考虑的是社会身份，以及它在激发、引导和吸收时尚编码转换方面的作用。所谓社会身份，我指的远不只是社会阶层或地位的象征，一些社会学家倾向于将这一概念局限于此。在这一概念的范围内，我还将个人以符号方式与他人交流的任何自我层面（比如主要通过非话语性的视觉、触觉和嗅觉符号进行交流的着装）包括在内，尽管这些符号可能既不精确又难以理解。在任何情况下，社会身份的概念都指向人们努力寻求且实际表达的关于自身的属性和态度的配置（二者显然并不总是一回事）。

那么，社会身份与时尚究竟有什么关系呢？尽管受篇幅所限，本文难以充分展开，但我首先要指出的是，尽管我们自己积极地（而且常常是自觉地）参与了社会身份的建构与表达——我们并非遥不可及的抽象名词"社会"所赋予的身份的被动接受者——但在我们活跃其中的不同时期以及不同的历史时刻，仍有强烈的集体潮流冲击着我们的自我意识（Stone, 1962）。也就是说，由于我们受制于许多共同的条件，因此我们中的大多数都经历过相似的渴望、紧张、关切和不满，且无论我们如何理解它们，它们都在寻求某种形式的表达。正是在这一意义上，我们的身份可以说是共享着一个强大的集体构成要素（Klapp, 1969）。

我对布鲁默（1969a）的观点深表赞同，即时尚针对的正是我们社会身份的这些集体层面。时尚也可以从中获利（从审美和经济的角度看），因为我们的社会身份很少像我们想象的那样稳定。在社会和技术变革、生命周期的生理衰退、乌托邦的愿景以及灾难时刻的刺激下，我们的身份永远处于发酵状态，并在我们的内部产生极大的压力、悖论、矛盾和冲突。正是这些集体共同经历的（有时是历史上反复出现的）身份不稳定性孕育了时尚。开创时尚的设计师和艺术家们直觉地感受到了弥漫于民众间的身份不稳定性的潮流，并通过对服装展示的传统视觉和触觉符号的巧妙操纵，以寻求对这些潮流的表达，抑或遏制、转移、升华。这样做必然会以这样或那样的方式改变着装规范，以便在某种意识层面上

(即便只是潜意识地)从潜在的时尚穿戴者那里唤起新的、心理上令人满意的自反性。

  从大多数学者认为的西方制度化时尚周期的开端(即14世纪勃艮第宫廷生活)至今,时尚反复(并非完全地)利用了西方社会身份中某些不断涌现的不稳定性。[1]在这种易受时尚影响的不确定性背后,更为突出的矛盾心理是年轻人和老年人、男性气质与女性气质、双性恋与单性恋、包容性与排他性、工作与消遣、家庭生活与世俗事务、彰显与隐匿、放纵与克制、从众与叛逆的张力关系。着装规范的调整似乎不断在符号内部以及符号之间移动,即突出这样那样的重点,将之前完全不同的东西并置,将主要的变为次要的,反之亦然。但无论通过何种方式,时尚一旦成功,就总会以符号方式与本土群体中持续变动且强烈自我指涉的集体张力与情绪产生微妙的共鸣。的确,时尚不仅能表达这些张力与情绪,同样也有助于塑造和定义它们。

---

[1] 不过,包括斯蒂尔(Steele, 1988: 18—19)在内的一些研究者认为,时尚起源于文艺复兴早期的"原始资本主义"意大利城邦,据说是从那里传播到了勃艮第。有争议的时间定位反映了历史的不确定性,即无法区分时尚的起源和制度化周期的开始。

第二章　身份矛盾，时尚的燃料

> 事实上，人们普遍持有复杂的情感和犹疑的观念，并且在每个领域都受制于矛盾的期望与结果。
>
> ——唐纳德·N. 莱文（Donald N. Levine），
> 《摆脱歧义》（*The Flight from Ambiguity*） 19

在上一章中，我认为集体身份矛盾是时装编码发生变化的主要文化来源。我进而指出，这种广义的文化来源也是时尚设计师在实践其工艺时的关键资源。由于后面的章节（关于性别、社会地位和性）反复引用了这一表述，所以我认为在此对这些观念予以阐述是很有必要的，这样读者就可以更好地判断这些章节中提出的主张。

歧义与矛盾

尽管这两个术语在词典中的定义迥然不同（**歧义**指的是多重含义，而**矛盾**则更多地指向相互矛盾且摇摆不定的主观状态），但在日常言语中它们却经常被混淆。[1]不过,和唐纳德·莱文(1985)一样,我认为这实则是一种有所裨益的困惑,文化科学家不应该总想着强行消解或根除歧义,而应该努力去挖掘隐藏其中的丰富概念。一旦将这两个术语混为一谈,就会暴露出这样一种情况:实际上这些术语所指的不同状态在其存在本质上是密切相关的,即二者处于恒定的交织关系中,很难予以区分。因此,尽管**歧义**的多重含义可能有着诸多来源——音位相似性、语境转换性、文化多样性、含糊其辞或委婉表达——但歧义通常是矛盾的副产品,以至于在主观上很难区分这两者。"我们的话语就像我们自己一样分裂"就是对此的概括。

如果在言说和写作中确实如此(毕竟语法和发音规则控制着意义的表达),那么也许自相矛盾的是,这种现象在服装表达中会更加明显。我所谓普遍存在于服装表达中的影射和歧义可能部分**源自**语义上的缺陷,这一现象似乎鼓励人们在描述和表达矛盾时尽可能地发挥创造力,尽管这在很多时候都是潜意识或无意识的。[2]由于矛盾与歧义的多重含义存在着"自然"的联系,因此对立的一方会在感知层面上将人们如何着装的感受转译为复杂的、矛盾的、冲突的,抑或至少是不成熟的身份信息。

在接下来的几章中,我将提供着装歧义的诸多例证。不过,就目前而言,重要的是要认识到歧义远非无意义,后者意味着我们对于摆在面前的符号(尽管在严格意义上,它们不再符合符号的条件)一无所知。歧义,或者更确切地说,我们对于歧义的经验,承认了替代、对立或模糊阐释的可能性。正是在这一认识的基础上,各种精致巧妙的含糊话语、精心设计的表里不一以及古怪灵动的奇思妙想才会像在艺术创作中一样,出现在我们的日常生活中(Eco,1979:262—263;Empson,1953)。

鉴于存在着丰富的关于纺织材料和服装款式的词汇以及与之相关的历史和文化意象,着装(尤其是时尚冲动)非常容易呈现歧义。当

---

1 《韦氏第三版新国际英语词典》对**歧义**的主要定义是"承认两种或多种意思……以多种方式予以理解……同时指涉两个或多个事物"。而所谓**矛盾**是指"矛盾的情绪或心态……持续波动……不确定应遵循何种方法、态度或处理方式"。

2 人们的着装往往比他们能够或希望用语言表达的更能反映其心理状态,这种常见的观察所得与上述观点不谋而合。

然,这种能力足以让穿戴者在诉诸歧义时具备高度的自反性,以香奈儿(Chanel)的高端客户为例,当他们被怂恿着佩戴廉价假珠宝以表示对暴发户装腔作势的蔑视时,这种情形就产生了(Gray,1981)。(当然,人造珠宝的潮流一旦开始流行——也就是说,当那些并非传统富有贵族开始展示它的时候——真正的珠宝才再次成为身份的象征。)[1]

正如我所指出的,在着装中传播带有争议的含义(即歧义),这与主观的矛盾状态密不可分,且这种矛盾还会撕裂我们想要向他人传递的身份认同。那么,这种矛盾,这些"矛盾的情绪或心态……持续波动……不确定应遵循何种方法"(《韦氏第三版新国际英语词典》),其本质是什么?它与我们通过着装传递的社会身份有何关联("社会"是对我们是谁、我们是什么人的共同印象)?

就像尼采(Nietzsche)在《权力意志》(*The Will to Power*)中所说的那样,人类的境况在本质上是矛盾的,即受制于那些"矛盾的情绪或心态[及其]持续波动"。一些当代作家(Thom, 1984)将其视为基于历史衍生的社会和文化矛盾的必要心理基础。包括弗洛伊德(Freud, 1918)在内的其他人虽然在起源问题上有所讳言,但仍然认为矛盾心理在人类经验中如此重要,以至于实际上无法将其与生物学上的决定性条件区分开来。对于齐美尔(1950)来说,矛盾的概念以及与之密切关联的二元论和两极化概念是其形式社会学的核心,并始终影响着他对现代文化的分析。事实上,齐美尔将本书的主题"时尚"解释为社会中从众心理和个人主义、统一和分化等对立过程的社会副产品。

除了矛盾是否一种既定的存在,更为有趣的问题在于:人类的矛盾心理关乎什么?为什么某些事情会让人更为矛盾?仅提出这些问题,我们就已远远超出了生物学领域,甚至个体心理学或个性领域。我们也必然会被推入文化领域,这是一个符号井然有序且社会互动由此发生的意义系统(Geertz, 1973)。因为矛盾意味着对某事物的矛盾心理,而该事物

---

[1] 需要指出的是,这种对既定准则精心设计且充满歧义的"违反"是时尚变革的核心,这在艺术界普遍存在(Culler, 1976)。矛盾的是,从长远来看,当真正的珠宝最终恢复其象征地位时,它可能会让既定的规则重新焕发活力。

几乎总会是一个**社会对象**(social object)：某个人工制品、想法、信仰、形象、实践、目标等；也就是说，我们可以通过手势、表情、装饰、象征、符号，以及最能区分人类和其他物种的语言来进行交流。

在无数个人们可能产生矛盾心理的社会对象中，我敢说，无论是在普遍性还是显著性方面，**自我**（self）都是压倒一切的。正如乔治·赫伯特·米德（1934）业已阐明的那样，因为我们有能力将自我视作对象，所以通常可以进行多声部的内在对话，我们借此思考和评价自我的某些行动、思想、计划或愿望。根据米德提出的心灵、自我和社会之间的相互依存关系做进一步推断，包含内心对话的声音所源自的社会越复杂、越异质，就越有可能产生矛盾心理。内心的声音反映了不同的情感、标准和价值观，它们来自自我接触到的不同文化经验领域，这可能会引发冲突，抑或至少会产生矛盾。我希望取悦谁，这样做又可能会冒犯谁？以这种或那种形象示人，分别会造成什么后果？我所认为的自我形象的传递是否反映了内心深处真实的自我，抑或只是某种似是而非的自我？我想隐匿还是暴露？诸如此类。我们都太过熟悉这些身份的不确定性在个体的自我中引发的波动和不适了。

身份矛盾

可以说，在很大程度上我们的身份认同——我们对自己是谁以及是什么样的人的感觉——形成于我们如何平衡并试图解决矛盾的过程中，这些矛盾源自我们的本性、所处的时代以及所继承的文化（Strauss, 1959）。尽管服装的最初目的可能是保护我们免受自然因素的伤害，但它在处理矛盾心理上发挥的作用和我们可支配的任何其他自我沟通手段一样重要：我们的声音、身体姿势、面部表情以及我们周围的物质对象（Goffman, 1959）。然而，服装究竟是如何做到这一点的，原因可能并非那么显而易见。显然，因为服装（连同化妆品和发型）构成了与物质性自我最紧密相连的东西——它会在我们观看他人时勾勒出我们所能看到的大部分东西——所以它很自然地获得了一种特殊的能力，宽泛地说，即"谈论"自我的能力（Stone，1962）。因此，服装很容易成为身份的视觉隐喻（与西方的开放社会尤为相关），因为它体现了在身份内部和身份之间激发共鸣的、由文化所锚定的矛盾心理。

作为视觉隐喻，作为"着装"的"服装"（二者应予以区分）能够传达很多东西（包括微妙之处），例如，穿戴者对正在"言说"之物的自反性意识。[1]因此，许多服装（尤其是那些目测带有极高时尚意识的服装）为了间接表达与初看之下明显不同的含义，通常会以引述的方式将其悬置。[这类似于肯尼斯·伯克（Kenneth Burke，1959）所谓"不协调的视角"。]例如，在下一章关于性别矛盾的讨论中，我将指出女性是如何在将男性服饰据为己有的过程中，通过风格上的夸张与过大的尺寸来削弱男性气质的显要特征的。

那么，几个世纪以来，经由西方服饰与时尚持续编码且直到今天仍在象征性地喧嚣着的身份矛盾是什么？原则上，这些矛盾可能源于任何与自我相关的事物，人们对此抱有这样或那样的感觉——左右为难、心烦意乱、六神无主，不一而足。因此，它们可以涵盖从食物选择到宗教活动几乎无所不包的身份表征范围，历史上也曾出现过这样的时刻，即着装应对了这两个方面的问题。[2]然而，在西方着装话语中最常见的身份矛盾主要关于自我表征，即个体的核心社会学属性[所谓**主要身份**（master statuses），如年龄、性别、外貌、阶级和种族]，但西方文化本身的律令和评价也往往彼此相异，落实到这些属性上就更是如此了。

从另一个角度看，借用地震学的比喻，历史上持续存在的这种矛盾可被视为**文化断层线**（fault lines）。就像沿着地球断层线的地下扭曲不时引发地震一样，关于我们是谁以及我们是什么样的人的文化所引发的张力也会在着装和时尚的脉动中找到象征性的表达。但与地震不同的

1　尽管对于这个话题的大多数讨论来说，"服装"（clothing）一词的精确程度超出了必要范围，但它按理说仍然局限于服饰本身；而"着装"（dress）则可以更好地用于指称特定服饰搭配的独特属性，即关于其搭配和着装场所的实践和期望。

2　在19世纪，继博·布鲁梅尔之后，花花公子的着装开始与美食家用餐时那样的一丝不苟密切相关。最近，全天候身着跑步、健身和运动服的偏好被视作对天然、有机和健康食品的思想信念的表达。当代穆斯林世界的女性着装已然与宗教正统和政治忠诚的宣言密不可分。

是，着装和时尚的变化并不是自发的。以时装设计师形式呈现的引领潮流者、庞大的服装产业和反应迅速的消费大众，这些都是实现相关变化的必要条件。这似乎是显而易见的，但很多学者恰恰忽视了这一点，他们认为时尚的更替在某种程度上是由时代精神的变迁所决定，抑或不可避免地受其驱动的。

时尚与身份矛盾

具体而言，尽管时尚必须在相对完善且熟悉的着装规范及其广义标准下运作，但它会转向由身份矛盾所引发的张力关系，特别是那些由集体性的文化脚本和历史经验生成的身份矛盾以寻求新的灵感。对于性别角色、社会阶层认同以及性特征的矛盾，尽管在西方社会中并非所有集体经验的身份矛盾都是如此，但这三点无疑占据了突出的位置。虽然我并未在本文中就以上三点展开深入探讨，但其本身就已提供了足够多的证据以表明身份矛盾和着装的双重性。

然而，不管它意图摆脱的是怎样的矛盾共鸣，时尚总是会寻求让那些与其象征性运动相协调的人去改变其虚拟身份（Goffman, 1963），放弃一种自我形象，转而追求另一种自我形象，让之前被视为丑陋的东西如今被视为美丽的，反之亦然。事实上，服装传播中的时尚元素是由时尚实践所引起的视觉-触觉-嗅觉的编码变化所构成的。这有助于解释时尚何以促使人们及其所处环境以崭新而又不同的方式**呈现**在我们面前，无论改变的外貌与我们被他人所认知和熟识的更永久、更不具可塑性的自我之间的关系是多么肤浅。如前所述，作为概念的时尚必须与服装传播本身的惯例区别开来，但即使在与这一主题相关的学术著作中，这一区别也时常被忽视。衣服在任何社会中都或多或少地传递着穿戴者的标准化含义，但并非所有社会都会让穿戴者受到时尚的影响而周期性地改变含义。

显然，我声称时尚利用了身份矛盾心理，但这并不意味着它所提供的象征性"解决方案""综合""妥协""调整"等是固定不变的，甚至是永久的。正如时尚本身一样，这些都是短暂的而非永久的。在西方文化中，所涉及的矛盾通常既起伏不定又根深蒂固，以至于无法屈从于这种简单的象征性解决方案。

为了说明这一点，不妨回顾一下女性"成功着装"风格的近代史，这种风格流行于20世纪70年代，因为那时有越来越多的女性求职于商业和其他专业领域。这种风格要求参照男性形象实现女性化——以西装外套和塑身的过膝裙子为标志——通过身着丝质衬衫，配以大而飘逸的领结或荷叶领和衬衫前襟。[1] 到了20世纪80年代中期，这种套装似乎已不能维持它所裁定的男性（职业）与女性（性对象）之间的性别矛盾。那时它已被诋毁为"制服"，因此它窘迫地向两极化中的男性一方倾斜（包括丝质衬衫及其他搭配）。它的视觉/象征力量消失了，必须寻求新的标志从而使男性和职业女性相信，在存在性别隔离的商业前线，她也"仍是女性"。当然，对这种标志的创造和再造都是时尚界的工作。

因此，如果不是因为身份矛盾——如性别、年龄、阶层，而只触及"主要身份"——时尚就不会有这么多可供借鉴之处，与其他地方相比，这种身份在西方文明的文化结构中经历了更为深入且动态的构建。事实上，这或许可以解释为什么过去和现在的更为稳定和静态化的社会，身处其间的个体和地方的身份整体上比在西方社会更为深刻地显露出来，它们相对而言不太受时尚的影响。可以肯定的是，有些学者声称在其他民族和过去的文明中已发现类似于时尚的现象。[2] 然而，并不存在这样的说法，即时尚——在着装、装扮和装饰设计方面**持续的**、基本**不间断的**、日益**制度化**的风格变化意义上——除了中世纪以降的西方之外，普遍存在于其他任何地方。

令人惊讶的是，学者们（Batterberry and Batterberry, 1977; Bell, 1947; Hollander, 1980; König, 1973）在将时尚起源追溯至中世纪晚期的宫廷生

---

1 这种风格的先驱是约翰·T. 莫洛伊（John T. Molloy），其《女性成功着装手册》(*The Women's Dress for Success Book*, New York: Warner, 1977) 在当时大受欢迎。

2 例如波尔希默斯和普罗克特（Polhemus and Procter, 1978）就讲到了新几内亚的一个部落，该部落每隔几年就会改变羽毛头饰的颜色。但对于其中的原因，他们并不清楚。他们也未指出任何其他部落服饰或装饰是否也会定期发生这种变化。

活方面，竟罕见地达成了共识（如果并非完全一致的话）。[1]其中一些学者在勃艮第的腓力四世（Philip the Fair of Burgundy）宫廷中（他于1285年至1314年间在位统治）对时尚起源展开了明确定位。可以理解的是，尽管这些学者在解释时尚的确切开端时仍有些语焉不详。

  无论时尚研究者是否持有这一特定选择，他们都倾向于挑选一种看似合理的历史解释，即时尚在西方的兴起很大程度上与此时出现的城市资产阶级有关，该阶级会与封建贵族的世俗财富、权力以及展示自身的方式相抗衡。中世纪晚期，也是东方的织物和珠宝（在最后一次十字军东征之后）开始传遍整个欧洲的时期。勃艮第位于财富运输贸易路线的交会处，这自然使其在地理上享有特权以获取奢侈品，随之而来的则是城市资产阶级和封建贵族之间的地位竞争。但正如我们将在接下来的章节中所看到的，在随后的几个世纪里，通过服装（以及生活中的其他物质产品）来体现社会阶级身份的这种惹人生厌的行为，已经呈现出比纯粹**展示**自己拥有昂贵物品更为复杂的象征形式。

---

1 参见第一章注释中提到的斯蒂尔的描述（1988：18—19）。

第三章　性别矛盾：男孩终归是男孩，女孩亦然

> 女孩在假小子的年龄就该做个假小子，越像越好。
>
> ——约瑟夫·李（Joseph Lee），美国游乐场协会的创始人

跨性别诉求的不对称性

西方时尚的历史以一种深刻的象征性张力为标志，这种张力源于一种性别想要模仿另一种性别的着装及相关附属物的欲望，这种欲望有时是公开的，但更多时候则是被压抑的。[1]直到18世纪，特权阶级男性在着装上的跨性别模仿习惯仍然比女性更为明显（Brenninkmeyer, 1963）。（普通人直到19世纪都还被时尚拒之门外。）不过总的来说，正如服装史书籍所表明的那样，男女时尚服装的共享程度远远高于后来的情况。

自工业革命以来，男性越发受到严峻职业道德的视觉限制，不过这种男性气质与女性气质之间的矛盾几乎完全体现在女性身上，因为女性会周期性地——在特定时期极为热情地——将男性地位及男性气质融入她们的个性标志中。实现这一目标的方式几乎不胜枚举；此处我仅

---

1 引言出自保莱蒂和克雷格洛（Paoletti and Kregloh, 1989: 39）。为了与本章主题相呼应，两位作者做了如下补充："在年轻男性中，奇装异服或类似的性别颠倒并未得到相应的认可。"

举数例：高顶礼帽、圆顶硬礼帽、软呢帽、水手帽、巴斯克贝雷帽、普通男式衬衫、纽扣式牛津衬衫、T恤、领带、领结、蝶形领结、水手毛衣、黑色机车夹克（饰有铆钉）、马甲、灯笼裤、粗布花呢、朴素剪裁、垫肩和廓肩、军装夹克和徽章、男式发型（包括短发、波波头、蓬蓬头）、秃头、素颜、纹身、束胸、马裤、百慕大短裤、马鞭、男士手杖、紧卷的男式黑伞、连体裤、男鞋（包括篮球鞋、翼尖鞋和正装皮鞋）、背带，以及典型的男装，裤子——无论是休闲裤、牛仔裤还是西装三件套的一部分。[1]

　　自19世纪早期以来，男性只能偶尔且相对谨慎地尝试任何暗示女性气质的服装或带有性别特点的其他单品。20世纪60年代的所谓"孔雀革命"与女性服饰的真正激进的变革（例如，长裤、无胸罩上衣、短发、牛仔裤）几乎同时发生，尽管规模要小得多，但其整体而言无非是转向了更鲜艳的颜色、接受有图案的服装和更宽松的柔软面料，以及在商务工作中和下班后可以着装略显随意。然而，在不到十年的时间里，随着深色三件套西装再次在男性衣柜中占据象征性主导地位，即使是上述这些与传统着装的适度偏离也大多被中上阶层男性所摒弃。法国时装大师让-保罗·高缇耶（Jean-Paul Gaultier）曾尝试推出纱笼裙和长裤裙（一种前面有裙布的开腿裤），但收到的反馈与其说是漠然不如说是彻头彻尾的奚落（Duka，1984）。有趣的是，即使是在营销推广的时候，高缇耶也向感兴趣的买家（显然并没有买家）保证，他并不会让男性女性化，"我不是说男性和女性应该相像。不会像60年代那样，发型和其他一切都会保持原样。他们会共享一套装束，但却会以不同的方式着装。男性会保持阳刚，女性会保持阴柔"（Brantley，1984b）。[2]

---

[1] 值得注意的是，尽管大多数男装在最初的吸睛效果消退后，女性都会以纵容或娱乐的态度看待它们，但裤子却并非如此。乔治·桑（George Sand）在19世纪中叶的巴黎因为穿裤子而遭到排斥，近一个世纪后，玛琳·黛德丽（Marlene Dietrich）在"上流社会"中也遇到了同样的情况。也许更能说明问题的是，在20世纪60年代末妇女运动兴起后，许多时尚酒店、餐馆和其他公共场所都禁止女性穿裤子入内。

[2] 这只是我在其他地方称之为"时尚的修辞慰藉"的众多声明之一，即通常来自设计师和时尚媒体的声明，这些声明否认或弱化了新时尚所带来的身份威胁。当然，他们的目的是要让潜在买家相信，他们最喜欢的自我形象不会因为身着新时尚而受到任何影响。因此，时尚界一方面在赞美其赖以存在的行为，另一方面又同时在贬损它们。

男性"时尚"(fashions)的概念本身就充满了女性气质或同性恋暗示，这可以由第一批男士精品店变幻莫测的反响予以证明——这些店由皮尔·卡丹(Pierre Cardin)于20世纪50年代在巴黎开设。据我采访的美国著名设计师透露，当时有人开玩笑说那里卖的男装"看起来像玛琳·黛德丽会穿的那种。事实证明，他的精品店在时尚女性中比在男性中更受欢迎"。

关于中性着装的笔记

时尚界历来倾向于利用男性与女性在性别认同上的不稳定性，而其中一个有趣的改进就是周期性地诉诸中性化来作为解决此问题的方法。在过去的一个半世纪里，尤其是第一次世界大战后，中性风格的时尚时常占据着主导地位，并在20世纪60年代末至70年代中期流行的无性别风格中达到了顶峰(Gottdiener, 1977)。(一些无性别商店完全拒绝对衣架上的衣服进行任何性别区分。)另一个类似的骚动，此次在时尚界被明确称为"**中性**"(androgynous)，这种风格出现于20世纪80年代中期，不过主要是受街头"朋克"的影响，而非意识形态上对性别的明确关注。

严格地说，真正的中性包括将服装和外表的性别特征予以彻底融合或弱化，以至于消除任何超越生物学"解读"个体性别的东西(例如保留或剃除面部毛发，胸部与腰臀比例统一)。换言之，除了这些可见的生理特征，个人的着装在性别或性角色方面"无须赘言"。显然，正如保莱蒂和基德韦尔(Paoletti and Kidwell, 1989: 160)所强调的那样，西方的所谓中性时尚从未达到过如此激进的状态；我们也无法断言其创造者曾对此有意为之。这些时尚的象征性目的是戏剧化地渲染跨性别的张力关系，而并非予以解决。

尽管中性符号对于男性和女性如何回应彼此而言绝非微不足道，但有两个特征尤其让人怀疑任何中性宣言的真实性。[1] 首先，就男性和女性之间的身份冲突而言，代表中性的物品在其与性别相关的缘起和影射方面，会更多地位于性别划分中的男性一方而非女性一方。短发、淡妆、长裤、男士西

---

[1] 例如，斯蒂尔(1985)坚持认为，传统意义上，中性风格在时尚界被用以强化而非贬低女装的性魅力。

装和衬衫造型、领带、背带,这些都是设计师们想要给女性贴上中性标签时的惯用手段,并与女性的特定性别含义形成对照。相比之下,当代男性在很大程度上唯一接纳的公认中性标志是风行于20世纪60年代末和70年代初,但现在几乎已被摒弃的嬉皮士无性别风格,即长发、手包、异域串珠项链和手链。最近,戴耳环在十几岁的男孩和一些年轻的成年男性中重新得以流行,这或许象征着未来性别界限的模糊。然而,截至本文写就之时,这种风格还远未被纳入服装设计的主流。它被禁锢于青年亚文化和某些"边缘群体"(尤其是同性恋和摇滚乐手)中,虽然并非没有文化意义,但这证明了对于所有能唤起女性气质的装束而言,男性的性别障碍仍然很强。

仔细观察就会发现,中性时尚主张几乎总是在推崇青春期前和青春期早期的男孩气质,而非任何接近真正的无性或中性状态的东西,由此也可以进一步看出,中性时尚主张本质上的不对称性。[1]人们又一次得以看到典型的男性化服饰,尽管这次更倾向于具有象征意义的未成年类型:略显凌乱的男孩发型、按扣帽、伊顿夹克、纽扣衬衫、宽松羊毛长裤、条纹校服领带、宽背带等。难怪女性主义者并不将当前的乏味风格视作性别平等的象征,而是将其视作另一种微妙的性别歧视手段,目的是压制源自女性运动的平等主义诉求。据称,在淡化性别差异的象征性伪装之下,男孩般的中性装扮既能唤起男性潜在的同性恋冲动,又可以缓解女性丧失权力的恐惧。这就好像以一种中性的表情低声说道:"这些穿得像男性的女性真的不是那么回事。她们更像是不成熟的男孩。"[2]

着装,性别和现代史

自19世纪初以来,异性象征的跨性别交换为何如此明显地呈现出一

---

[1] 霍兰德(Hollander, 1985)也提出了类似的观点,不过她更强调青春期前的、更纯粹的情色煽动,而不是性别问题,一些分析家认为这种煽动更符合中性化。她还声称,在过去的几十年里,尤其是在娱乐名人的公共媒体领域,男性对女性服饰和装饰符号的挪用比我在这里提到的要多得多,而且具有更为重要的文化意义。

[2] 布德罗(Bordor, 1990)也提出了同样的观点。她在文章中深入探讨了"纤瘦"的中性形象在当代性别政治中的作用。

边倒的趋势，而在此之前，这种现象又为何更加接近平等，这些都是服装史学家、女性主义学者和时尚理论家们感兴趣的问题。事实上，服装史学家（Laver，1937）认为，在19世纪之前的时尚圈中，着装上的性别差异并不像现在这样明显。在18世纪，贵族的男男女女以及紧随其后的上层资产阶级，都同样偏爱大量的蕾丝、华丽的天鹅绒、精致的丝绸和刺绣、装饰精美的鞋子，喜欢各种头饰、假发和带有洛可可式装饰的帽子，并对香粉、胭脂和其他化妆品的使用出手阔绰（Los Angeles County Museum of Art，1983）。简言之，雄性的羽翼像雌性一样绚丽多彩，正如在鸟类王国中，前者通常会更加鲜艳夺目。

学者们（Bell，1947；Brenninkmeyer，1963；König，1973）对于究竟是什么导致了18世纪以后男性和女性着装方式的巨大差异的分析略有不同。但所有人都一致认为，它在某种程度上与欧洲贵族的衰落和相应的资产阶级崛起有关，尽管法国大革命大大加速了这场运动，但它实际上在1789年之前就已经开始了。当然，在欧洲社会结构的转型中，以新教为导向的勤奋、节制、节俭和提高个体经济的价值观占据了显著地位（Weber，1947）。也许这在本质上是资产阶级的愿景，他们希望在自身的穿着中反映出这些道德态度，这才是男性和女性的着装变得如此与众不同的原因所在。在当时，乃至稍显好转的现在，两性在工作场所、市场和办公室都未能享有平等的机会。别的不说，就光是怀孕、育儿和没完没了的家务琐事就已经证明了这一点。随着工业革命和日渐民主的政体的并行发展，二者都突出体现了新教的职业伦理，成年中产阶级男性成为激发当时正在发生的伟大社会变革理念的典型化身。因此，男装成了主要的视觉媒介，用以标榜对"腐朽"贵族的优雅、富足、闲适和情爱冒险主张的拒斥，而这些主张都已被精心编入了19世纪之前的着装中。[1] 人们借助时尚发现了一些手段，以表明对新时代的简朴价值观的象征性坚持。男装变得

---

[1] 19世纪以前的贵族服饰所表现出来的优雅的堕落，都在20世纪80年代末的两部电影中以极强的视觉效果和逼真的形象得到了描绘，即《危险关系》（*Dangerous Liaisons*）和《瓦尔蒙》（*Valmont*），这两部电影均以肖代洛·德·拉克洛（Choderlos de Laclos）的一部18世纪小说《危险的关系》（*Les Liaisons Dangereuses*）为基础。

更为简单、粗制、固化和严肃，其中很多裁剪偏好延续至今。这并非意味着女性的着装没有受到欧洲社会结构变化的影响——比如，长袍和其他装束变得更为朴素，不再那么华丽，发型也不再那么高耸，化妆品的使用也不再那么张扬——但这些变化并没有那么激进，可能是因为女性的社会角色并未产生像男性那样的变化。贝尔（Bell，1947：92—93）总结道：

> 男装和女装之间的差异始于整个18世纪的发展变化，并于19世纪达到顶峰，这一差异源自这样的事实，即男性对财富的彰显不再依赖于徒劳的展示；富裕的制造业阶层的出现使这一变化得以实现。另一方面，该阶层女性因为没有工作而被委以替代性消费，并继续遵循已经存在的服装法。

到了1837年维多利亚女王登基的时候，男装和女装已经确立了清晰且界限分明的性别差异。这在某些方面类似于伯恩斯坦（Bernstein，1964）分析当代英国工人和中产阶级语言时所用的二分法假设，就好像男性已经签署了一项高度**受限**的着装规范，而女性则可以保留过去几个世纪为其演化而来的诸多**精致**规范。正如我所指出的，男性着装规范的局限性主要源于工作、事业和职业成功给予男性身份的过度中心化；以至于在接下来的几十年中，服装几乎难以成为男性表达个性其他方面的视觉手段，这在中产阶级中尤为如此。

通常情况下，当人们专注于某些目标而几乎排斥了其他目的时，该规范象征意义上的完整性（始终强调工作和生活）就极易遭受威胁，除非极为偶然地涉及自我的非职业面向。因此，对于任何暗示了女性气质、被动或慵懒的衣服，男性都会变得敏感和挑剔。这种类似的专一或许解释了为什么自19世纪以来，成人男装明显缺乏幽默感，而女装的品质却得以维持，甚至有时还重新培养了幽默感。[1]如今尽人皆知的俏皮设计也

---

[1] 例外情况发生于仪式化的和特殊的礼仪场合，男性此时被允许在外表和着装上做些"趣事"：万圣节、兄弟会招新和恶搞、棒球场上团队表忠心、节日游行等。但这些都与日常生活中严肃且以工作为导向的活动很好地区分开来，在日常生活中，西装和其他"简单实用"的服装显然更胜一筹。

来自20世纪20—30年代香奈儿（廉价的人造珠宝搭配精心剪裁的套装）和夏帕瑞丽（鞋形礼帽）的服装设计。最近，在设计师让-保罗·高缇耶、弗兰科·莫斯基诺（Franco Moschino）、已故的佩里·埃利斯（Perry Ellis）和埃斯普利特（Esprit）公司设计的女装中，随处可见明显的戏仿和俏皮元素。

现代两性服饰的差异演变并不像许多人所认为的那样是历史偶然的结果，可以说，每种服装形式一旦确立了它的基本款式，就会开始各行其是。相反，18世纪以来男装受限的严格规范和女装精致的复杂规范是一体的；它们共同构成了一个连贯的符号体系，试图在日常生活中最深、最理所当然的层面上核准并合法化经由文化认可的社会性别分工。因此，传统的中产阶级男性着装稳定地压缩了它对工作和职业价值的认同，这标志着它在工业和后工业社会中享有特权，可以接触到经济和政治权力的源泉，即事业成功以及由此带来的收入和威望。服装的性别信号所涉及的不仅仅"只是外表"，朗夫妇（the Langs）在一个有趣的事件中很好地说明了这一点（1961：473，引自Young, 1937：187）：

> 联邦储备银行的一位职员在被问及需要适当补偿他多少钱才愿意在某个早晨戴着妻子的帽子去上班时，他首先回答说："五万美元。"后来他又想了一会儿，说："这笔钱必须是一个人余生所能挣到的所有钱，因为此后就再也不能指望他承担经济责任了。"最后他得出结论，任何代价都不足以弥补他为此失去的声望。

但我们深知，着装编码（经由视觉、嗅觉和触觉）比拘泥于某些简略而又固化的男性主导地位宣言要微妙得多。在现代，男性的严格着装规范和女性的复杂着装规范相互作用且由此生成的系统性特征是，前者的表达范围受到极大限制，而后者的表达范围则通过时尚得以维持并建立在丰富的符号库之上。正如贝尔（1947）以及在他之前的其他人（Simmel, 1904；Veblen, 1899）所观察到的那样，随着城市资产阶级家庭的兴起，男性的妻女通常既没有头衔也缺乏其他获取较高社会地位的主要基础——她们终究不会"身居要职",并被劝导对政治参与适可而止——其社会地位主要以服装、室内装饰和其他消费活动为载体进行表达,旨在宣扬家庭尤其是养家糊口的男性的地位主张。

因此,编码在男性身上所受到的表达约束得到了很好的补偿,因为女性可以体面而巧妙地表明家庭的等级地位。这样一来,女性就会让自身的着装具备更大的象征意义,以及发挥空间,而时尚的新奇性与模糊性又总是可以迎合这一点。与此同时,女性必须和更复杂的编码打交道,因此也更容易(以混搭、夸张、忽视抑或过分关注细节等方式)"犯错误",进而被看作拘谨、花哨、过时、粗俗或诸如此类,就像当时的主流品味标准所规定的那样。(从古至今,男性在着装上"犯错误"的机会要少得多。)但矛盾的是,女性在着装上的错误更容易被社会搁置,正如在硬币的另一面,她在服装方面的精湛技艺可能很快就会大打折扣。因为归根到底,大家都知道她的装束无论在取悦他人时成功与否,都只不过是地位的间接反映而并非对它的主要诉求,即在中产阶级的体系中,地位最终落脚于男性的职业地位和通常情况下家庭所拥有的财富。

因此,更大的表达范围,更多的即兴创作自由,以及在反讽意义上对"犯错误"的社会容忍度的相应扩大,都使得女性着装规范的条条框框远多于男性。这就是为什么上文中提到的联邦银行职员的妻子在公共场合戴其丈夫的帽子,要比他戴她的帽子容易得多。这可能也是为什么自18世纪以来,服装的跨性别交换始终是极端单方面的,即从男性流向女性而非相反。一方的玩物对另一方来说则可能是象征性的自毁。

跨性别着装的界限及伎俩

尽管时尚界经常鼓励女性借用男性的服装和风格,但西方社会的规范要求性别认同最终建立在某种不可化约的主张之上,这种主张显然要么是男性要么是女性,而非兼而有之抑或某种不确定的中间状态。为了防止对"女同性恋中的T(男性化角色)"和"男同性恋异装癖"抹黑式的含沙射影,西方着装规范会削弱对异性身份的任何过于明目张胆的挪用。[1]因此,对于跨性别的着装标志,甚至是女性对男性更为常见也更为多样化的借用,都伴随着一些象征性的限定、矛盾、嘲讽、讽刺、夸张等,这实际上是在建议受众不要从表面上看待跨性别的表征。一个突出的例子是20世纪70年代的"安妮·霍尔造型"(Annie Hall look),它通过对女性所穿男装进行粗大剪裁,喜剧性地削弱了男性气概。还有上文提到的中性化造型所带有的假小子意味,也意在缓和女性对公认的性别认同的彻底背离。无论是视觉上的还是实际中的,从最微妙的到最露骨的,这样的例子都不胜枚举。[2]以下是随机选择的例证,并未遵循特定逻辑:

- 1983年,在大都会艺术博物馆举办的纪念伊夫·圣罗兰(Yves Saint Laurent)作品的展览中,展出了身着作为男士正装的、系着黑色领带的晚礼服的人体模特。一位模特在她的燕尾服外套里面穿了一件有褶边的蕾丝衬衫;另一位则展示了令人反感的透明雪纺衬衫。(Dionne, 1983)

- "温加罗(Ungaro)[设计师]的基本灵感来源是军装和18世纪花花公子的精致套装。但这些风格通过褶边和奢华面料的组合而发生了巨大的变化,并成为极端女性化着装的缩影。褶边装饰着肩部、臀部,尤其是裙摆,大胆地将双腿的轮廓勾勒出来。"(Morris, 1987b)

- "即便有时仍显得有些锋芒毕露[比如蒂埃里·穆勒(Thierry Mugler)和克劳德·蒙塔纳(Claude Montana)这两位在其优质时装系列中仍着重于廓肩设计的设计师],但New Girl系列依旧柔

---

1 当然,在一些秘密圈子里流行的带有暴露色彩的节日变装打破了这一界限(参见Pomerantz, 1991)。然而,公众倾向于将这种做法视为越轨的或有悖常理的,这也证明了在着装中存在着维持某些不可简化的性别区分表征的持续的规范性力量。
2 如今的女性时尚充斥着这种性别歧视和矛盾心理。我认为这些迹象的大量涌现说明在某种程度上,许多男性对历史上女性被赋予从属的社会角色而感到集体悔悟,但在另一层面上,男性又担心性别角色可能会变得太快太剧烈。

头巾维系着性别认同。©Doug Menuez/新闻报道。由Smith & Hawken提供。

1991年版的20世纪70年代"安妮·霍尔造型"。由Tweeds公司提供。

和。在穆勒的时装秀上,她甚至穿了碎花雪纺衬衫和高调的露肤淡彩睡袍,睡衣上交叉着肩带,以凸显身形。"(Gross,1986b)

- 同样地,我采访的一位洛杉矶设计师说,她越来越讨厌"以褶边和女性化而著称的东西",并希望"自己设计的衣服更现实、更简约……一想到女性身着萎靡的蕾丝衣服,我就有点恶心"。但在后来的采访中,回想起她之前说过的话,她又笑着说:"我相信我身上还残留着一些时髦的造作。我的意思是,你怎么能拒绝偶尔出现的褶边呢?"

- 众所周知,著名的意大利设计师乔治·阿玛尼(Giorgio Armani)特别喜欢让女装向男性化倾斜。提到他1984年的米兰秋季时装秀,一位记者写道:"这个活泼的时装系列被一种时髦的悖论感所调和。正如阿玛尼所说:'我不喜欢绝对的女性气质,需要有一些东西来平衡它。'本着这种精神,他在真丝短裤外面套了一件男式海军蓝夹克,用露脐套头短衫搭配细条纹法兰绒长裤,将夹克裁剪成正面笔直、后背彰显女性曲线的样式。"(W magazine,1984)

- 美国设计师拉夫·劳伦(Ralph Lauren)的一个时尚标志就是他把为女性设计的男式粗花呢夹克女性化了,并让其穿在褶边领或蕾丝刺绣衬衫外面。

在这方面值得注意的是,通过空间和语义隐喻的结构化并行,高低、内外和上下的对立经常成为编码传达关于性别(抑或就此而言,个体的年龄、社会地位或性特征)的身份矛盾、对立和歧义的形式(Hollander, 1980)。除了上述的此类例证之外,卢里(1981:245)在对该话题的讨论中还提供了一个引人注目的例子:

这位身着灰色羊毛套装和粉色褶边衬衫的女士是一位严肃勤

勉的女性，带有轻佻而女性化的气质。但另一方面，如果她穿着一套曲线优美的粉色丝绸裙装，套上一件朴素的鼠灰色毛衣，那我们就会觉得无论她的举止多么令人着迷而又八面玲珑，她私下里都有可能是孤僻或抑郁的。

"成功着装"或"性着装"

如前所述，在近年来的社会生活中，女性越来越多地步入劳动力市场这一事实产生了大量着装方面的性别矛盾，并尤其体现在从事商界和专业领域相关工作的职业女性身上。当然，在这里引发并激活矛盾心理的身份辩证法最终源自西方文化中性别角色的历史性划分。毋庸赘言，正如孩童都会很快熟知的那样，这基本上将男性等同于职业、养家糊口、权威以及工具能力的发挥，而将女性等同于性魅力、家庭生活、养育子女、从属地位以及表现力的展现。正是因为这些在很大程度上受性别驱动的属性如此有效而微妙地铭刻于西方的服饰规范中，才产生了特殊的问题，这既关系到社会秩序，也关系到那些在以往被男性垄断或几乎全是男性的领域中寻求认可、平等和权威的女性。

实际上，这些女性必须协商的身份问题（如果性别角色最终要被重新定义，那么这将是所有女性和男性都必须协商的问题）是弱化她们服装中更纯粹的女性化、色情化和家庭化的成分，同时避免因过于彻底地摒弃女性化着装而有可能导致的地位失衡（例如，用穿裤装代替短裙或连衣裙；不化妆也不戴耳环、手镯；保留面部、腋下或腿上的毛发）。

从理论上讲，从事商界和专业领域相关工作的女性没有必要选择男性化的着装标志。他们可以朝着既不男性化也不女性化（如手术服）的无性别方向发展。然而，"男性＝工作、事业、技能掌握和权威"的文化关联是如此强大，以至于当它成为身份协商所呈现的象征性轨迹时，也就不足为奇了。这正是约翰·莫洛伊（John Molloy, 1977）和其他很多着装顾问所倡导的20世纪70年代女性"成功着装"的基础：相对朴素的深色男装夹克、长摆直筒裙并搭配公文包；总之，这个形象彰显了男性气质，但

高/低、松/紧的对立是身份矛盾的隐喻。由Tweeds公司提供。

第三章　性别矛盾：男孩终归是男孩，女孩亦然

"你已经到家了,怎么还不把垫肩拆下来呢?"

M. 史蒂文斯（M. Stevens）绘制；©《纽约客》杂志公司（1990）。

又因丝绸衬衫、柔和的领结、耳环、手袋、精心修剪的指甲以及小香风扣环项链等女性化元素而增添了几分魅力。正如肯尼迪·弗雷泽（Kennedy Fraser, 1981：228）所描述的女性成功着装方案背后的性别矛盾：

> 如果一定要总结一下当前的女高管形象——这是一种简化，因为设计师们对该主题的解读大相径庭——那就得从一套严格剪裁的西装开始。这种典型的定制套装包括及膝的直筒裙。夹克外套的肩部通常带有衬垫或以其他方式加宽。但是，设计师们似乎想要摆脱这种造型中固有的严肃或男性气质，因此为其添加了一些夸张的女性配饰：轻浮又不实用的帽子，细高跟鞋，以及别致的手套。

显然，职业女性在服装上的妥协（如果可以这么说的话）源自性别类型显著的两分法，它不仅保留了大量的身份不稳定性，而且还引发了新

37

典型的"成功着装"方案(约1990年)。由Talbots提供。

的不稳定性。一方面,对女性气质被否定的恐惧是如此明显,以至于人们不断寻求或隐晦或明目张胆的着装方式,从而让职业女性及其变革者确信并未发生**严重的**性别背叛。《大都会日报》(*Metropolitan Daily*)上的一则时尚报道传递出了一种典型的情绪:

> 对于洛尔·考菲尔德(Lore Caulfield,洛杉矶内衣设计师)来说,制作女性内衣和成为女性主义者并不矛盾……她说许多女性——尤其是那些**成功着装**的女性——会以穿性感内衣的方式作为职业装的缓冲。"这是女性确实在发展自己、表达自己的另一种证据",她解释道。(Abrams,1983)

同样地,我采访过的一位洛杉矶设计师谈到,那些买了他昂贵的两件套西装的"女性鉴赏家"和女高管非常欣赏他在设计中融入的"女性元素"。他认为这是由于她们希望缓和与工作角色相关的严肃气质。

另一方面,如果职业女性过于(什么才算"过于"可能取决于她的职业及其工作地点)"缓和"(如女性化)一般公认的成功着装造型,则会带来更多的复杂性和歧义性。[1]以下节选自《纽约时报》(*New York Times*)生活专栏的关于女性头发长度的一段话很好地描述了职场女性回归女性气质可能引发的令人抓狂的矛盾后果:

> 心理学家表示,长发在工作场所中会向管理层传递出一种信息。
> "长发,"沃斯特教授说,"可以向男性发出信号让其不要紧张,我们并不想要你的工作,尽管女性可能确实想要他们的工作。这意味着女性特质和温柔,而非软弱。这是安抚男性的一种方式。"

---

[1] 一般而言,具有良好礼仪传统的职业(如律师、银行业务员等)的从业人员在公众面前的曝光率较高,因此与受环境或传统约束较少的职业(如艺术界和学术界)相比,前者也许不太能容忍女性化的或在其他方面偏离公认的性别妥协的着装。从事医学和某些工程专业的女性构成了一个有趣的折中案例。工作场所的制服(如实验服、工作服和手术服)似乎让人们在选择工作以外的着装方面有了一定的自由度。

但杰克逊教授则指出，这可能是一种双重困境。她解释说："威胁较小的女性可能不太会被视为竞争对手，这可能会阻碍她在公司的晋升……然而，如果她不怎么被看作一种威胁，那么男性可能会倾向于**不去**阻碍她的晋升。"（Slade，1987）

撇开"职业正确"的头发长度问题不谈，许多职业女性自身（尤其是女性主义者）都会适时地抨击将个性简化为刻板模式的着装风格。当然，一旦这个人在自己的职业生涯中感到足够安全，就更容易做此反抗，正如以下摘录中的前股票经纪人所经历的那样：

后来我找到了一份外汇期权交易的工作。这是一个重要的职位。我开始经手大笔的钱。我突然间意识到那些（董事会风格的）西装有问题。我讨厌它们，至今仍然讨厌。

它们既不舒服又不好看。领结让你看起来像包装好的礼物，其目的是隐藏你的身材，仿佛后者与你的大脑、能力或工作效率有关一样。

所以当我成为一名交易员时，我开始了反抗。我相信如果我有能力管理数百万美元，我就有能力穿着我觉得最舒服的衣服胜任这项工作。（Goldstone，1987）

当然，时装设计师们在设计中试图吸引并给予象征性表达的，正是上述引文中戈德斯通（Goldstone）所描绘的针对着装的不适感和厌恶感。但这样做又为那些希望通过着装在职场上重新定义自己性别的女性带来了另一种身份不稳定性的根源。因为正如我所指出的，现代社会的时装主要是**女性**时尚。在某种程度上，现代女性的性别社会化使她们高度接受时尚所培育的自我形象的操纵，从某种程度上说，她们对成功着装和类似服装组合所带来的刻板的性别资格和跨性别对称性只有很微弱的归属感。即使她们通过指甲油和丝质领结掩盖了（许多男性仍然认为的）她们想要在职场太阳下拥有平等地位的尖锐的象征性要求，但这样的组合还是倾向于性别表征的僵化,与时尚的冲动背道而驰。因为时尚的本质是不满于确定和固定之物,无论当时的服装有多大的象征意义。布吕巴赫(Brubach,1990b)宣泄了那些长期受制于合理穿搭的祛魅情绪:

> 对于我们其余的人来说,十五年前看起来如此诱人的时尚飞扬的世界正变得有些单调,人们身着"经典"服饰——现代主义制服,既不会流行也永远不会过时——开始看起来像局外人和败兴者,远离时代,拒绝参与。

因此,进退两难的是,让"成功着装"的姿态(无论人们喜欢哪种形式!)屈从于时尚的游戏,就等于对其核心的象征目的进行了窜改,甚至可能是严重的妥协。这是为了传递这样一种印象:因为她们现在穿得更像男性同行,所以在工作中女性实际上与男性是平等的,尤其在谈及雄心、决心、技能掌握、冷静等重要的工作属性时(回想一下戈德斯通引用的评论)。这一信息的突出部分是它含蓄地否认了通常与时尚相关的浮华与多变,而反过来,时尚又被看成是只属于女性的。

"成功着装"的两难困境的另一方面在于它制约着女性转向西方男性受限的严格着装规范,因为她们在很大程度上放弃了她们已经与之共处了几个世纪的精致的复杂着装规范,而许多人(包括著名的女性主义者,参见Wilson,1985)都声称自己很喜欢这种规范。这意味着需要牺牲许多象征性的精致、创新和即兴的可能性,而目前女性的着装套路已囊括了这些,但男性则不然。因此,从纯粹的美学角度来看,人们对此有相当大的抵触情绪。女性在这方面的不情愿可能也解释了她们中的大多数认为作为"成功着装"的套装具有不合理的规定性,比如说,莫洛伊(1977)和其他职业着装顾问的建议中充斥着各种关于"必须""应该""绝不"的条款。

为"成功着装"中关于性别妥协的潜在不稳定性做出进一步贡献的是,在意识形态上,许多女性——就像所有政治少数群体的成员一旦"意识觉醒"后的典型情况一样——对她们进入商界和专业领域的入场券和

41

通行证要求她们用该领域特有的象征性服饰来打扮自己感到不满,尤其是在这种情况下,这些服饰曾经是统治她们的人的专属标志。"我们为什么要把自己重塑成男性的形象,以确保那些本就应该属于我们的工作权利?"她们问道。

在想象中,我们有可能设想出"便于穿戴的"、倾向于无性别的服装,在不包括男性气质的性别标记的情况下,消除传统女性服装中固有的轻浮、孱弱、魅惑和家庭主义的细微差别。事实上,正如我在第八章中所讨论的那样,一些服装改革家[最著名的是19世纪中叶的阿梅莉亚·布卢默(Amelia Bloomer)和20世纪20年代的某些俄国构成主义者]已在这方面做过尝试。他们的努力显然尚未成功——即便是在市场上而并不一定在设计方面——这证明了日常话语的文化深度,这种话语仍然(可能在未来一段时间内)在工作领域中注入男性气质的性别标志,而在其他世界(大多不那么重要)中注入女性气质的性别标志。

结　　论

即便是现在,对性别认同的矛盾取向也和过去一样,在西方着装以及时尚界始终面临的象征性冲击中发挥着重要作用。我将重申这一点,即无论声称什么力量推动了时尚——经济学、性、无聊、令人反感的阶级区分——它们的持久灵感大多来自矛盾状态下生成的身份辩证法,性别只是中世纪晚期以来在西方文化史上占据显著地位的诸多因素之一。显然,社会阶层、性别、年龄以及两性持有的不同观念等矛盾心理都在西方的着装规范中留下了印记,并借助时尚改变了这些规范。此外,由于这些矛盾源于构成我们生活的基本文化类别的交叉流动和冲突,因此它们具有深刻的道德性,以及集体性。因此,它们构成了一幅存在主义的画布,时装设计师(当然还有其他艺术家)试图在其上留下自己的诠释和新的编码。正如我将在第六章和第七章中详尽阐述的那样,这种新的编码一旦获得成功,又会反过来导致大众品味和惯习的渐进式集体转变(Blumer,1969a),这就为所谓"时尚周期"奠定了基础。

第四章 地位矛盾：炫耀与伪装

> 谨防所有需要新衣服的企业。
>
> ——亨利·戴维·梭罗（Henry David Thoreau） 55

　　冒着延续一种流行的社会学偏见的风险，即认为服装的象征意义**仅**（或在某些教义中，**最终**）与社会阶级有关，我在这里的意思是，通过研究西方服饰中最为突出和持久的矛盾（实际上可以追溯至中世纪晚期的时尚周期），即社会地位，来进一步阐明文化编码身份矛盾的概念。从互动论的角度看，这种矛盾可被视为一种两极的辩证法，一方面是地位**诉求**（claims），另一方面是地位**异议**（demurrals）。随之而来的是象征性地要求比自己"应得"的社会地位更高或更低的存在张力，这再次典型地说明了矛盾心理在服装和时尚中的普遍运作（参见 Goffman，1951）。

身份的两极性

> 女性应该穿得像女仆一样朴素。
>
> ——可可·香奈儿（Coco Chanel）

43

不过，为了达到预期效果，女性首先必须拥有女仆，或者至少要传达这样一种印象：她们是那种会有女仆的人。还有什么是比穿得像有女仆一样还好的呢？但是，穿得"好像"个女仆与穿得"像"自己假定拥有的女仆一样实则是不同的，这毕竟是香奈儿告诉女性的。如此等等，不一而足。

就像其他在衣着上寻求出口的身份张力一样，社会地位也是如此，它很快就会屈从于一种无休止的自反性辩证法，这种自反性是由一系列关于财富、世俗成就和社会地位的不断变化的矛盾心理所产生的。而且，正如身份两极性的普遍情况一样，正是这种矛盾心理为服装和时尚提供了无限的创新与变化可能。此外，除了轻率地断言或严肃地拒绝一种社会优越感，对于那些精通其规则的人来说——正如我们大多数人所意识到的那样——服装可以内敛地拒绝，坚决地淡化，借助戏仿予以否认，轻描淡写地含沙射影，无耻地含糊其辞，等等。并不是所有人（或几乎没有任何人）都希望被视为无名小卒，但通过衣着给人留下"一个人是某种人"的印象，这并不像乍看起来那么容易或明显。

时尚研究中的阶级与地位

那么，我们在此将转向由社会地位的身份矛盾所构成的着装歧义的旋涡。然而，在此之前值得注意的是，在关于时尚的学术研究中，服装在影响令人反感的阶级和地位差异方面的作用一直都被赋予了极为重要的地位。这种强调甚至在时尚史学家对西方制度化的时尚感之起源的论述中也十分明显（Batterberry and Batterberry, 1977; Hollander, 1980; König, 1973），如前所述，通常认为时尚感起源于13世纪末和14世纪的宫廷生活。

大约就是在这个时候，东方的织物和珠宝在十字军东征后传遍欧洲，尽管遭到教会的强烈反对，但还是越发成为贵族之间及其与新兴的城市资产阶级之间令人反感的地位竞争的象征性工具。对于当时的很多时尚人士来说，尤其是在出席一些仪式场合时，这几乎就是把财富穿在身上。到了14世纪，服装已经与地位主张和自命不凡密切相

第四章　地位矛盾：炫耀与伪装

关，因此整个欧洲都制定了禁奢法令，禁止平民展示贵族试图为自己预留的面料和款式。虽然这些法令常常收效甚微——那时资产阶级的女性已经打扮得像公主一样优雅了（Hollander, 1980）——但它们还是在许多地方法典中得以保留至18世纪。无论是否遵守或逃避禁奢法令，公共场合着装的质地和剪裁对于确定个人及其家庭的社会地位都至关重要。[1]

鉴于这一背景，也许还因为欧洲服饰几个世纪以来始终致力于表现阶级差异，难怪社会学家和其他社会科学家都对这一话题饶有兴趣——齐美尔、凡勃伦，以及最近最容易联想到的布尔迪厄（Bourdieu）——他们都过分强调（几乎排除了所有其他方面的因素）时尚的地位区分功能。[2]因此，尽管齐美尔（1904）对时尚的社会心理学有着卓越的见解，但他最终还是提出了经典的"涓滴理论"（trickle-down theory）来描述新的时尚从上流社会向下层社会传播的过程。在地位等级下降的过程中，它们被淡化和"庸俗化"。结果，它们丧失了区分地位的能力，很快就被上流社会视为不合时宜和"品味低下"。但这也为新的时尚周期的启动创造了条件。

众所周知，凡勃伦（1899）曾指出，对服饰和其他华丽装饰的过度消费，以及通过功能上无用的时尚变化来产生内在的过时性，主要都是为了使富人的炫耀性消费、浪费和闲暇活动制度化。有了这些，上层阶级就可以象征性地确立其相对于低收入者的优越性。布尔迪厄（1984）也提出了类似的观点，尽管更为微妙，他认为"品味问题"在很大程度上构成了现代社会中占主导地位的社会阶层所继承的"文化资本"，尽管其中包括被精心打磨的、用来区分时髦与俗气的时尚敏感性。这种资本的

---

1 洛夫兰德（Lofland, 1973: 29—91）在一篇引人入胜的作品中将前工业化欧洲城市的公共生活描述为受"表象次序"（appearential ordering）所支配；也就是说，尽管一个城市的居民在社会出身和经济环境上存在巨大的异质性，但他们几乎完全根据外貌（即他们所穿的服装）将对方定位为社会行动者。在工业化之后，"空间次序"（即不同社会阶层在一天、一周和一年的不同时间所处的不同地理位置）在社会定位工作中具有更高的重要性。
2 法国大革命的无套裤汉（"sans culottes"，字面意思为"不穿马裤的人"，但其隐喻是将共和党人和穿丝绸马裤的贵族区分开来）就是一个特别引人注目的例子（Bush and London, 1960）。

特权占有，以及日复一日地通过千百种细微区分形式进行精明地支出，解释了主流阶级如何能够一代又一代地繁衍其品牌。

　　从社会学的角度看，这种强调似乎极具吸引力，但我并不认同。在文献中已经可以找到针对完全基于阶级的时尚理论的诸多有力反驳（Blumer, 1969a; König, 1973; Wilson, 1985; 以及本书第六章），不过在此并不展开讨论，因为这已经是一个冗长的题外话。就目前的目的而言，只需注意，虽然人们的衣着和着装方式确实可以在很大程度上反映其社会地位，但这并不是服饰交流的全部，且在许多情况下并不构成沟通的重中之重。因此，如果建立一套理论前提来理解服饰交流的这一单一维度，结果就会像一个人要故意束缚语言本身一样，是对人类交流的丰富媒介的匮乏式分析。尽管齐美尔、凡勃伦、布尔迪厄和其他人已经告诉了我们时尚和服装的地位区分功能，但下文中的内容还是不应被解读为对其理论立场的确认。相反，它应该被视为服装文化功能的例证，表达了弥漫在现代生活中的诸多与存在性有关的矛盾以外的另一种矛盾（当然是战略性的）。

是否要做自己

> 越贫穷的孩子越想看起来富有，越富有的孩子越想看起来贫穷。
> ——1985年，纽约的一个少年写给萨拉·里默（Sara Rimer）的信

　　我们可以从一个可能无法回答的问题开始，即在西方文化中，是什么导致了展现地位诉求的矛盾心理。为什么我们所有人都始终无法听从亚里斯托克先生（Mr. Bialystock）的告诫？他是梅尔·布鲁克斯（Mel Brooks）电影《制片人》（The Producers）中的角色，在那间肮脏的剧院办公室里，他透过窗户望着楼下富丽堂皇的百老汇剧院人群，咆哮道："没错，如果你有，那就炫耀吧！"部分答案可能与社会物品分配的简单考量有关。如果每个人都不断地试图通过富丽堂皇的衣着、完美无瑕的妆容和闪闪发光的珠宝来宣称自己的优越地位，那么这种地位标志的象征性价值很快就会引发——事实上经常引发——明显的贬值，从而使其所要

达到的令人反感的目的落空。因此，如果这种令人反感的地位竞争想要保留哪怕最低程度的象征性的完整性，就必须建立某种影响地位展示场合及方式的默认调节机制。简而言之，人们不可能在任何时候都以自己最好的一面示人。

可以肯定的是，这种秩序对不加掩饰地宣称社会优越性的矛盾心理的限制似乎在不同程度上适用于原始和非西方社会，且同样适用于我们现在所处的社会。即使是教科书中关于地位竞争失控的典型案例，即夸扣特尔人的夸富宴（potlach of the Kwakiutl），在夸富宴中，竞争对手们交换的礼物越来越丰厚，直到他们完全一贫如洗，也只限于一段时间内的少数礼仪场合。

不幸的是，正如我们身处的社会，如果社会控制未能遏制纯粹的过度炫耀，则可能会产生远超"仅仅是象征性的"可怕后果。最近的新闻报道称，城市青年因想要炫耀昂贵的衣服而导致的暴力和凶杀案急剧增加。以下两则报道的开头段落为此提供了戏剧性的证据。

芝加哥，2月5日——周六，一名19岁的年轻人因为身着时髦的热身夹克（warm-up jacket）而惨遭杀害，他似乎是日益普遍的城市犯罪行为的最新受害者：年轻人为了衣服而杀人。

在芝加哥和其他城市，包括底特律、纽约和洛杉矶，这类事件不仅凸显了街头犯罪和暴力在市中心生活中的流行程度，而且还成了衡量当地最热门时尚趋势的反常指标。（Schmidt, 1990）

巴尔的摩——去年5月，15岁的迈克尔·托马斯离家上学时，他倍感自豪。由于他母亲的辛勤劳动，他才得以穿上崭新的"Air Jordan"运动鞋——价值100美元的皮革、橡胶和地位，对今天的年轻人来说，这就是运动鞋中的奔驰。

第二天，17岁的詹姆斯·戴维·马丁正穿着托马斯的新球鞋在街头散步，而此时托马斯的尸体正躺在临近校园的田野里。马丁因谋杀罪被捕……

> 举国上下，家长、学校官员、心理学家，甚至某些孩子都承认……从纽约贫困的南布朗克斯到比弗利山庄，如今的年轻人已经变得痴迷于衣着。他们为衣着而烦恼，为衣着而竞争，为衣着而荒废学业，有时甚至为衣着而抢劫杀人。(Harris, 1989)

最近的一份报纸（Golden, 1991）也报道了一些暴力事件，这些暴力事件是由市中心青年帮派穿戴了洛杉矶突袭者队和克利夫兰布朗队等NFL（美国国家橄榄球联盟）球队的夹克和其他队伍的标志而引起的。

诚然，这些都是通过着装来追求地位的极端表现。除了这些极端事例，即使假设我们有无限的物资可用于令人反感的炫耀，但西方文化对过于公开、频繁或明显的社会优越感的厌恶，也远非纯粹的数量或社会物品分配的问题。正如对待色情的矛盾心理一样（参见本书第五章），这可能最终可以追溯到犹太-基督教世界观中的禁欲主义元素，它颂扬个体的谦逊，敬畏贫穷的精神升华，不信任财富、物质资产和世俗成就。不可避免地，当我们试图决定穿什么时，无论多么冷漠或轻率，这些在历史上持续存在的（即使远未实现的）西方文明价值观也会影响到我们。这并不是说，我们是谁以及希望被当作谁这个问题在每个场合都会以如此直接而抽象的方式横亘在我们面前。相反，就像生活中很多平凡的决定一样，那些植根于犹太-基督教传统中的情感在世俗中找到了对应物，即类似谦逊、沉默、低调、羞怯等表现力稍逊一筹的姿态。当然，这些都象征性地铭刻于西方盛行的着装规范之中。[1]

然而，具有讽刺意味的是，在对身份地位的主张和反对的永恒辩证法中，与华丽服饰和珠光宝气的奢侈炫耀相比，着装的谦逊和低调往往被视为社会地位优越的真实标志。正如我们所知，前者通常被视为地位姿态的象征，抑或充其量只是暴发户的象征。当然，这些微妙之处并没

---

[1] 最近的一份男士时尚笔记（Hochswender, 1991c）道出了这一点："当设计师为树林设计服装多于为夜总会设计衣装时，一定有什么事情发生了。强壮、诚实、自然和正直——这些都是美国男装设计师在上周的秋季时装秀上宣扬的品质。新的理念体现于格子猎人夹克、带拉链的工装毛衣或售货员的双面巴尔玛肯（balmacaan）外套式雨衣等另类时尚中。在男装时尚界，'白领罪犯'那种压制性的优雅已经过时了。"

有逃过那些敏锐地观察地位标志的人的眼睛,虽然缺乏奢侈炫耀的必要资本,但他们会退而求其次地刻意低调,并希望被认为是"有地位"而不必"炫耀"的人。

即使在暴富激发了炫富嗜好的情况下,这种冲动也常常遭到抵制,因为人们担心屈服于它会招致"庸俗暴发户"的恶名。然而,时尚在其错综复杂的自反性中也找到了应对这种困境的方法。例如,美国设计师拉夫·劳伦本是个出身平平的人,却凭借几乎成为他标志的品牌,建立了庞大的制造和零售帝国,让新富阶层看起来就像老富阶层一样(Coleridge, 1988)。他的时装是否真正实现了这一点——他的"城市与乡村"色调的广告并未提及时尚本身,而是意指某种生活方式——毋庸置疑,这很难确证。

那么,说到穿着,可以公平地说,粗俗往往比矜持更真诚。对此,回想一下香奈儿对其富有客户的虚伪建议,让其穿得"像女仆一样朴素",佩戴廉价的人造珠宝。她也曾建议她们佩戴真正的首饰,"就像戴垃圾一样"。

炫耀与低调

关于地位的服装辩证法呈现出诸多不同的声部,每种声音都各有不同的音调,但其都在无意中寻求一种合适的自我表现,无论是通过夸大或淡化地位讯息,还是将其混合成一种时尚用以吸引或迷惑同伴。首先,在地位呈现的过程中,有两种截然相反的选项似乎构成了所有变化的基础,即,宣扬财富或假装贫穷,这通常被认为是炫耀与低调之间的张力关系。20世纪20年代末以来,香奈儿著名的"小黑裙"就是一个典型的例证,即表面上通过着装来表现贫困,实则在暗示社会优越感。时尚作家阿尼·拉图尔(Anny Latour)将其描述为"简约着装的艺术……而且要斥巨资才能体验这一乐趣"。其他人则将其称为"高价穷"或"奢华穷"风格(Ashley, 1972: 119)。紧随其后的大萧条似乎为其别致的魅力增添了反常的光彩。正如霍兰德(Hollander, 1980: 385)在其对服装颜色的象征价值的深刻讨论中所指出的那样:

> 在美国，大萧条让优雅流露出了"穷相"，小黑裙就是其中的先驱。黑色作为一种严肃而谦逊的颜色，让剪裁保守的日间礼服呈现出了店员的风范。到了20世纪30年代，它看起来就像20世纪20年代那些粗犷、苍白、鲜艳且不成型的礼服一样具有革命性和创新性。
>
> ……女店员简约黑裙的出现，为休闲女性带来了新颖甚至有些大胆的风尚，这是20世纪30年代精神的显著标志。自此开始，社会意识又像以往一样得以在最优雅的服饰中得到表达。

当我们意识到只是到了19世纪下半叶，黑色才开始与家政服务密切关联，并在一定程度上与"下层阶级"普遍相关时，黑色的象征意义（尤其在地位诉求方面）就变得额外重要。富尔蒂（Forty, 1986: 82）指出，直到19世纪，英国家庭中的女仆都还没有自己专属的服装。但到了1860年左右，优质印刷品变得唾手可得，以至于仆人们看起来就像其女主人一样，这种情况一度成为漫画家的笑柄和趣闻的焦点。

> 鉴于这一情形以及那些寻求更多独立性的仆人，女主人开始坚持要求她们的女仆穿制服，尤其是会被客人看到的客厅女仆。从19世纪60年代开始，女仆身着黑裙、配以白色帽子和围裙已成为常态，这种独特装束一直持续至20世纪。

香奈儿的小黑裙以及她对女性应穿得像其女仆一样的建议再次证明了时尚在占有和颠倒身份象征方面的能力。

著名设计师卡尔·拉格费尔德（Karl Lagerfeld）为我们提供了一个更近的例证，尽管并不突出，但还是证明了着装上的贫富颠倒，以及通过放弃（在此处是滥用）传统财富标志来暗示更高的地位。

> 除了他的皮草作品，拉格费尔德所做的是重置我们对最根本的中产阶级服装的想法。他从来都不是"时尚革命者"，却对女性的着装方式产生了巨大的影响。例如，他在芬迪（Fendi，意大利著

名的皮草制造商)的产品中使用了被压碎的波斯羔羊皮,使其看起来像法兰绒,刨去貂皮,将假毛皮与真毛皮混合,并用黑貂皮制作毛衣。对财富的伟大象征缺乏敬畏的现象如今在其他地方已经屡见不鲜,但这种潮流趋势是由拉格费尔德引领的。(Dyansky,1985)

过分讲究与过于随意

服装所传达的另一种身份地位态度是,由于场合因素而穿得"过分讲究",与之相对的是在民主社会中更为常见的故意穿得"过于随意"。根据所处群体的世俗性,每个人都可能面临身份误读与误解的诸多危险,这也许就是为什么大多数人都会试图遵守当下适合于该场合的着装规范。然而,尽管颇为讽刺,但不难理解的是,相较于过于隆重的正装而言,精心装扮的便装在当今的美国更为常见,这在男性群体以及国际大都市的上流社会圈子中尤为如此。因此,除了最为正式的场合之外,尽管穿牛仔裤、运动服或慢跑服去参加活动可能不太常见,但相比于身着过分讲究的传统服饰(如男士三件套西装或女士的鸡尾酒礼服),这样所受到的侧目似乎要少得多。正是这种漫不经心姿态的常规化,这种反从众的跟风,为地位讯息的反转与交错奠定了基础,其中的一些随即成为新时尚的象征。据说在20世纪20年代,美国作家纳撒尼尔·韦斯特(Nathaniel West)在巴黎的美国侨民圈引起了极大的轰动,当他身着燕尾服,头戴圆顶礼帽,手持一把卷好的黑伞,现身于衣着粗犷不羁的波西米亚作家朋友之中时,他掀起了某种小时尚潮流。

燕尾服本身就是一个有趣的历史案例,它说明了对占统治地位的惯例的蓄意冒犯如何随着时间的推移反而获得了它所意欲减损的象征价值。燕尾服于19世纪80年代末在纽约烟草大亨皮埃尔·洛里亚尔(Pierre Lorillard)于富丽堂皇的塔克西多公园(Tuxedo Park)举办的聚会上面世,人们起初认为这是对当时男性主流正装的一种平民主义抨击——燕尾下摆搭配硬挺的白色衬衫和白色领结(De Gennaro,1986)。但到第一次世界大战时,燕尾服的反传统起源在很大程度上已被遗忘,穿上它已成为正式场合的必备礼仪;该礼仪如此久远,以至于穿燕尾服的男性会被认为是古板的,或者充其量是极为过时的。

矫饰的差错

有一种象征性的细微差别,类似于通过穿得不讲究来巧妙地提高地位的优越感,即虚伪地在自己的服装上"出错",或诉诸其他形式的不完美着装来提高地位。男士外套袖口少一粒扣子,胸前口袋挂着浮夸的手帕,领带略微歪斜,与年龄不匹配的青少年袜子,颜色或图案与女士套装主色调相冲突的衣服——所有这些都是这种套路的例证,当然,前提是这种差错是经过深思熟虑的而非漫不经心的。在文本层面,这也许是一个违反编码的例子,旨在重新激活构成编码的象征性合法性的等级原则,即一个证明了规则的例外。意大利设计师尼诺·塞鲁蒂(Nino Cerruti)对这一策略进行了尖锐的表述:

> "男性想要优雅,就必须穿得简约但又有些差错,"塞鲁蒂说道,他设计的衣服在比弗利山庄的麦当娜男装店出售,"没有什么比过于优雅而更不优雅的了。"(Hawkins,1978)

当然,一个人在着装上的策略失误可能很快就会被吸纳到主流时尚中去,从长远来看,这种情况会抵消以此寻求的地位诉求。[1]不过,正如肯尼迪·弗雷泽(1981:210)在评论20世纪70年代末的英国时尚时所观察到的那样,当今时尚的首要原则之一(是):"无论穿戴者多么在意或花了多少钱,衣服都不应该看起来完全**严肃**。"(着重标记为原文所加)然而,我们并不能从弗雷泽的观察中推断出,对地位敏感的不严肃态度对时尚界来说是新鲜事。[2]在西方介入时尚的七个世纪以来,这已多次得到体现。香奈儿、夏帕瑞丽(Schiaparelli)以及最近的拉克鲁瓦(Lacroix)

---

[1] 着装上的差错有两种,一种是有意的,如此处所示,另一种则是无意的。关于后者的一些看法,以及女性在这方面的特殊脆弱性,请参见本书关于性别矛盾的讨论(第三章)。

[2] 当代诸多受朋克影响的风格都是这种类型的,当然也包括法国革命后(约1795—1800年)那些"奇装异服的年轻男女"(les incroyables and les merveilleuses,意指巴黎当时的一种贵族时尚亚文化)(Batterberry and Batterberry,1977:199)。

胡茬是流行于20世纪80年代末的矫饰的差错。由Perry Ellis国际公司提供。

等设计师的名气在很大程度上源于他们对这一元素极富想象力的运用。

蓝色牛仔裤

> 新衣服(牛仔裤)深刻地传达了民主价值观。没有财富或地位的差别,没有精英主义;人们在差别得到消弭的情况下直面彼此。
> ——查尔斯·A. 雷奇(Charles A. Reich),《绿化美国》
> (*The Greening of America*)

> 全世界的年轻人及其盟友都被牛仔裤关于希望与团结的暗号所吸引,被其与生俱来的活力与兄弟情谊般的美国精神所吸引。
> ——肯尼迪·弗雷泽,《那只缺失的纽扣》
> ("That Missing Button")

> 卡尔·拉格费尔德为香奈儿设计了一套经典蓝白牛仔套装,售价960美元,配以紧身胸衣,售价360美元……和牛仔帽,售价400美元。以上均出自比弗利山庄的香奈儿精品店。
> ——1987年4月19日,《洛杉矶时报杂志》
> (*Los Angeles Times Magazine*)上刊登的题为"牛仔盛装"
> (Dressed-Up Denims)的图片说明

自从七百多年前时尚在西方出现以来,在其发展过程中,可能没有任何一种服装能比牛仔裤更充分地表达出了身份地位的矛盾与歧义。支持这种说法的一些社会历史现已广为人知。[1]在19世纪中期的美国西部,莫里斯·李维·施特劳斯(Morris Levi Strauss)首创了牛仔裤,他是初到旧金山的巴伐利亚小贩,据说当时的裤子和现在一样都是由源自法国尼姆的一种结实的靛蓝染色棉布制成的。[因此,"牛仔布"(denim)

---

[1] 贝拉斯科(Belasco, n.d.)和弗里德曼(Friedmann, 1987)对牛仔裤的起源和社会历史做了极好的社会学阐释。

的英文缩略语来自法语"尼姆"(de Nimes)。一种类似于李维·施特劳斯的公司为淘金者和户外劳动者生产的服装,据说在法国,来自意大利热那亚的水手和码头工人也曾穿过这种服装,它们被称作"genes",因此才有了"jeans"(牛仔裤)这个词。]裤子口袋和其他着力点处独特的铜铆钉是雅各布·戴维斯(Jacob Davis)的发明,他是来自内华达州的一名裁缝,在牛仔裤问世二十多年后的1883年,他加入了李维·施特劳斯的公司。

然而,这种工人服装历经一个多世纪才赢得了今天的显赫地位和近乎普遍的认可。因为直到20世纪60年代末,在经历了过去几十年进军大众市场的屡次失败之后,蓝色牛仔裤才惊人地跨越了几乎所有阶层、性别、年龄、地区、民族和意识形态的界限,成为今天被广为穿着并得到广泛接受的服装。不仅如此,人们对这种服装的青睐并不仅限于北美和西欧。在苏联和大部分第三世界国家,这种服装通常也供不应求,备受追捧且竞价激烈。

当然,这种文化突破的一个重要特征是蓝色牛仔裤的身份变化,从一种完全与工作(而且是艰苦工作)相关的服装转变为一种具备诸多休闲象征属性的服装:轻松、舒适、休闲、社交和户外。抑或正如服装史学家贾斯珀和罗奇－希金斯(Jasper and Roach-Higgins, 1987)所说的那样,这种服装经历了一个文化认证的过程,使其获取的意义与开始时迥然不同。在弥合工作/休闲鸿沟的过程中,它极大地利用了西方新兴的、以消费品为导向的后工业富裕。此后不久,它又渗透到许多仿效西方的其他地区。

但这仍然无法回答以下问题:为什么如此色彩单调、剪裁粗糙的服装会让这么多不同的社会和民族对它如此着迷?或者说,为什么它能在相对较短的时间内打破其狭隘的职业轨迹,迅速传遍世界各地?即使我们无法找到完全令人满意的答案,但这些问题实则与我所提及的地位象征的曲折性密切相关。

首先,鉴于牛仔裤的起源及其与工人、艰苦体力劳动、户外活动和美国西部的长期关联,其最初的神秘魅力似乎很大程度上来自民主、独立、平等、自由和博爱的民主主义情绪。尽管在牛仔裤引入后的近一个世纪里，人们对它的态度相当淡漠，但它形成了一种与阶级区分、精英主义和势利主义（这些倾向在牛仔裤的发源地美国，几乎与在旧大陆一样普遍存在）相抗争的时尚象征情结。因此，第一批钟情于牛仔裤及相关服饰的非"上班族"是画家和其他艺术家也就不足为奇了，他们主要活跃于20世纪30年代末和40年代的美国西南部（Friedmann，1987）。很快，20世纪50年代的"暴徒"摩托帮（"飙车族"）和60年代的新左派活动家以及嬉皮士也紧随其后（Belasco，n.d.）。所有这些群体（当然其方式各有不同）都强烈反对美国社会中占主导地位的保守、中产以及以消费为导向的文化。鉴于牛仔裤的起源及其历史关联，它为宣扬这种反建制情绪提供了一种外显的手段。此外，牛仔裤很便宜，且至少在一开始，合身与否并不重要。

而到了20世纪50年代末，人们已经可以在一些地方看到中产阶级男孩在户外活动时穿着牛仔裤，不过到了60年代，由于牛仔裤与飙车族和嬉皮士等声名狼藉、离经叛道群体的关联（也许更多是通过媒体关注而非亲身经历），对其真正的普遍接受变得难以实现。牛仔裤制造商会开展大规模的销售和公关活动，以打破它与声名狼藉的象征性关联，并让消费者相信牛仔裤及其面料适合于所有人和所有场合（Belasco，n.d.）。显然，这些努力有了成效；到了20世纪60年代末，蓝色牛仔裤已经在世界范围内广受青睐，而且更为重要的是，它成功跨越了一个多世纪以来的职业、阶级、性别和年龄的界限。

牛仔裤到底是什么？抑或如今它仍是什么？尽管时尚和大众市场在此期间对它进行了象征性的完善和改良（有人会说是曲解），但毫无疑问，在其转型阶段，其潜在的象征性吸引力源自其反时尚的含义：它的历史典故在视觉上很有说服力——乡村式民主、普通人、简单、朴实，对许多人（尤其是长期被其吸引的欧洲人）来说，这代表了美国西部的浪漫及其自由奔放、自力更生的牛仔形象。[1]

---

[1] 这并非意在提出一些荒谬的主张，即每个穿上牛仔裤的人都被这种形象裹挟了。而是说，正是这种形象在文化上被编码为蓝色牛仔裤的穿着中（Berger，1984：80—82），因此，无论是漫不经心地穿牛仔裤还是带着象征意图费尽心机地穿，无论是模仿性地穿还是以高度个性化的方式穿，人们都会从"典型"的角度进行看待。

但是，正如时尚史一再证明的那样，没有哪种服饰象征是不可违背的。任何象征符号都可能（而且通常都会）屈服于各种"突发奇想"，因为与"纯粹"的符号在最初的象征状态下所传达的信息相比，人们希望传达更多的或不同的信息。尽管存在着民主、平等的情绪，但社会地位在西方社会仍然非常重要，不可能像未经修改的蓝色牛仔裤的平等、博爱宣言所影射的那样无产阶级化。当时，牛仔裤刚刚进入大众市场，就有大量策略被用以屏蔽和混淆信息，以及重新接纳被驱逐的象征性暗示，概言之，它在牛仔裤穿着者的阶层和圈子之间助长了令人反感的不公平区分。事实上，如果说它们的接受程度是由时尚所推动的，那么可以说，一种不公平的因素已经在起作用了。因为在其他条件不变的情况下，仅仅是跻身于"时尚"就意味着比那些未能跻身时尚的人更胜一筹。[1]

精英与平民主义的地位标志

然而，除了这种元交流功能之外，蓝色牛仔裤随后赋予其地位象征意义的转折、颠倒、矛盾和悖论，突显了困扰许多穿戴者的微妙的身份矛盾。1973年，肯尼迪·弗雷泽（1981：92）在一篇名为《牛仔与新保守派》（"Denim and the New Conservations"）的文章中指出（也许是最具讽刺意味的）：

> 全美部分最昂贵的牛仔裤主题款型已经从欧洲制造商那里涌入了我们的商店。欧洲时尚和牛仔布无法抗拒的吸引力意味着美国消费者会花大价钱购买法国牛仔裤，尽管令人恼火的是，圣特罗佩（Saint-Tropez）的时髦年轻人只是在效仿美国年轻人，而美国也确实可以生产出比法国更好也更便宜的蓝色牛仔裤。

---

[1] 从这个角度看，如巴特（1983）和鲍德里亚（Baudrillard, 1984）等重要的法国评论家认为，所有时尚，无论其象征内容如何，都倾向于"意义的消解"（designification）或意义的破坏。也就是说，因为它自给自足（依靠其诱导他人"不顾一切"地追随时尚的能力），它很快就中和或消解了其能指在成为时尚对象之前所具有的任何意义；以蓝色牛仔裤为例，即使是对其潜在的平等主义信息怀有敌意的人，也可以通过时尚的授权，轻松而免责地穿上牛仔裤，并以此赢得"地位得分"，这与牛仔裤象征性的反479 起源是相对立的。这一论点很有说服力，但在我看来，它与时尚只不过是为了变化而变化的主张类似，将文化的象征性内容与体现和重塑文化的传播过程割裂开了。

到了1990年，该服装在20世纪50年代后作为休闲装的形象似乎发生了几近相同的逆转，尽管其目标不是田野和工厂。随着主打"都市牛仔"的秋季男装的推出，男士时尚协会的一位发言人说："它已不再仅仅是牛仔、乡村和西部的代名词了。在过去，牛仔意味着休闲着装；现在，男士们第二天就想穿着它去上班了。"(Hofmann, 1990)

构成服装地位辩证法的是两极竞争，一极继续强调和延伸蓝色牛仔裤的民主、实用以及无产阶级的"基本"象征，另一极则试图重新引入传统的品味、区分和等级划分。(任何一个穿戴者以及着装本身，都可能试图将这两极的主题相融合，以期体现一种平衡而又有些矛盾的表达。)

炫耀性贫困：水洗与磨边

牛仔裤水洗和磨边的做法源自"左派"这一象征性极点(而且并非完全与政治无关)。水洗蓝色牛仔裤，以及那些磨损到露出经纱和纬纱的牛仔裤(让人联想到一种炫耀性的贫困)，很快就比崭新的蓝色牛仔裤更受青睐，对年轻人来说尤为如此。事实上，在某些圈子里，旧牛仔裤的价格要高于新牛仔裤。就像香奈儿的小黑裙一样，想要看起来"真的贫穷"往往花费更多，而新牛仔裤本身就可以轻松实现这一点。但是，鉴于水洗和磨边的流行，市场上接下来出现的情况是可以预见的：牛仔裤制造商开始生产预先褪色的、看起来破旧的、石磨或酸洗的牛仔裤。[1]这些牛仔裤对于普通消费者(如果不是那些对这种花招不屑一顾的鉴赏家)来说，也需要很长的磨合期。

标签化、装饰化和色情化

从具有象征意义的"右派"立场上也出现了一系列策略和手段，这些实际上都是为了在利用牛仔裤获得普世的吸引力的同时实现去民主化：醒目地贴着设计师标签的设计师款牛仔裤；带有工厂缝制的刺绣、钉头、人造钻石和其他装饰性配饰的牛仔裤；专门为女性、儿童和老年人量体剪裁的牛仔裤；一般来说，牛仔裤(带着时尚界的加持)与其他服装

---

[1] 同一主题随后的一个变体是田纳西州一家公司制造的"霰弹枪洗"牛仔裤，该公司用12号口径的霰弹枪对其服装进行了射击(Hochswender, 1991b)。

的搭配，形成了鲜明的象征性矛盾，例如运动夹克、毛皮制品、正装鞋、高跟鞋、褶边衬衫或丝绸衬衫。

与牛仔裤的去民主化并行的是，到了20世纪70年代，它的色情化趋势越发明显。当然，这与最初许多人对牛仔裤的中性化、去性别化的联想是相悖的：对合身的相对漠视和对舒适性的强调；中性化的前襟；粗糙的牛仔面料，尽管使某些人（尤其是女性）感到不适，但他们仍在心甘情愿地忍受。人们发现有许多方法可以赋予牛仔裤以及相关着装以特定性别的、色情化的含义。以女性为例——这在社会学上更为突出，因为正是她们率先公然穿上了男性化的蓝色牛仔裤，以实现去女性化——这包括将牛仔面料做成裙子，制造商的"女士牛仔裤"营销宣传，使用更柔软的面料，将牛仔裤剪得很短以露出臀部；总的来说，牛仔裤从宽松的裤子变成了贴身包臀的裤子，以至于一些女性需要躺下才能穿上。多么舒适，多么中性化！有趣的是，在基于这些问题永无止境的服装辩证法中，宽松的女性牛仔裤在20世纪80年代中期再次成为时尚。

设计师牛仔裤

在由此引发的所有改进中，设计师牛仔裤现象最直接地说明了服装对身份地位矛盾的编码。将知名设计师标签贴在牛仔裤背面的行为——当时一些世界顶级高级时装设计师就是这么做的——必须（按照凡勃伦的思路）被解读为一种炫耀性消费的例证，不管它可能会被视为什么；实际上，正是通过引入如此突出地位标志的方式，服装上所体现的那些潜在的、粗糙的无产阶级内涵才被淡化了。[1]诚然，在牛仔裤上缝上设计师的外置标签——这种做法是设计师从未在其他服饰上使用过的——是由著名的李维

---

[1] 在对时尚进行研究的过程中，我采访和交谈过的每个人（设计师、服装制造商、买家、时尚媒体人、有时尚感的圈外人）都无一例外地会从这个角度解读设计师牛仔裤。大多数人认为凸显地位差异是购买设计师牛仔裤的**唯一**原因，因为除了设计师标签的展示之外，设计师牛仔裤与非设计师牛仔裤并无显著差异。然而，并非所有评论家都认为，外部标签的突出展示可以完全归因于令人反感的地位差异。有些人（Back, 1985）在现代主义美学的现象中发现了类似的情况，例如包豪斯设计、外骨骼建筑构造、动作绘画以及波普艺术中的某些方向，其中，创作者的身份及其创作过程标记明显地与艺术作品本身融合在一起。

曾经"真诚的工装"越来越色情化：卷边的蓝色牛仔短裤。由Tweeds公司提供。

斯（LEVI'S）公司促成的，其品牌标签从一开始就被缝在牛仔裤右侧臀部口袋的上方，多年来已成为该服装形象不可分割的一部分。有时人们会认为，设计师标签的外部缝制与蓝色牛仔裤的传统形象是一致的。尽管如此，伊夫·圣罗兰、奥斯卡·德拉伦塔（Oscar de la Renta）或葛洛莉娅·范德比尔特（Gloria Vanderbilt），这些名字并不能轻易与李维·施特劳斯、李（Lee）或威格（Wrangler）相提并论，大多数消费者也几乎不会忽略这一点。

但正如时尚的特质一样，每种行动最终都会引发它的反应。设计师牛仔裤的势利、注重地位的象征意义一经在市场上产生影响，服装小圈子就出现了，它们的特点就是对如此明显的身份地位策略所造成的令人反感的阶层差异表现出蔑视。这主要是通过展现对蓝色牛仔裤原初的、潜在的平等主义信息的极度忠诚来实现的。参见肯尼迪·弗雷泽（1981：93）在1973年对这些反周期论者的观察：

> 在格林威治村、西区和苏荷区这些比较敏感的飞地，牛仔风格是纯粹主义和新禁欲主义风格。与蓝色牛仔裤的"时髦"爱好者不同，这些忠实的支持者经常穿着极为宽松的牛仔裤，并蔑视刺绣和钉头这类配饰。为了强调他们与诚实和劳作之间的关联，其选择的牛仔裤往往是工装裤。

不久之后，弗雷泽所说的"宽松的牛仔裤"——这一反时尚的做法，是对时尚界之前破坏20世纪60年代牛仔服拒绝身份地位区分的回应——也被时尚界所擅长的双重自反性讽刺同化到了时尚周期中。如此一来，那些"喜欢"牛仔风格的人就可以借助"穿得随意"——就像他们的哥哥姐姐们在20世纪60年代第一次穿牛仔服一样——来领先于其他循规蹈矩、"穿着得体"的着装风格。

结　论

因此，基于黑格尔式的无止境性，地位与反地位、民主与阶层区分、包容与拒斥的辩证法充斥在时尚的曲折变化之中；就像工人朴素的蓝色牛仔裤与正式的晚宴着装和晚礼服一样多，甚至更多。

但这就是时尚的方式。如果时尚要蓬勃发展，它只能依靠我们在日常生活和交往中所经受的歧义和矛盾，不仅是此处所考察的社会地位标志，而且还要考虑诸如年龄、性别、性特征等关键身份标记，这里所提及的只是最明显的议题而已。如果真如一些学者所坚称的那样，时尚的唯一象征意义就是不断彰显令人反感的高下之差——阶级和社会地位的差异——那它就几乎没有足够的"谈资"；当然也就不足以解释它何以在西方社会繁荣如此之久。但是，正如我们已经看到并将在接下来的章节中再次看到的那样，它确实有更多的话要说：关于我们的男性气质和女性气质，我们的青年人与老年人，我们的性顾忌及缺乏性顾忌，我们的工作和娱乐，我们的政治、民族认同与宗教。话虽如此，但我们不需要远离这里所涉及的内容，即我们给予他人以及从他人那里得到尊重和敬意（马克斯·韦伯所谓**地位**）的丰富的象征领域，就能欣赏时尚比我们想象得更精妙、更惊喜、更不安的回眸和前瞻。

第五章 性矛盾：色情与贞洁的辩证法

迄今为止所讨论和提及的众多身份矛盾，可能没有一个能在显著性或历史持久性方面与服装对性诱惑和色情趣味的关注相比。事实上，许多学者（Bergler，1953；Flugel，1930；König，1973；Steele，1985）——当然还有无数的非专业人士——都认为这就是服装时尚的本质所在，即永无止境地寻求让自己颇具性吸引力的方法，在西方文化中，这种探索的重担一边倒地压在了女性身上。而我的基本观点是，这种性感无论如何淡化或放大，都不是服装和时尚的**唯一**目的。但近几个世纪以来，它确实在很大程度上发挥了作用，这一点是不容置疑的，正如与服装有关的其他方面一样，自18世纪以来，女装比男装更能迎合人们的情趣。

事实上，在西方，女性的性特征与其着装是如此不可分割地交织在一起，以至于安妮·霍兰德（Anne Hollander，1980）在其开创性的著作《透视衣着》（*Seeing Through Clothes*）中能够令人信服地论证，在几个世纪以来的西方艺术中，不断变化的女性裸体视觉概念主要是由当时流行的时装形象所塑造的。换句话说，从提香到鲁本斯再到莫迪利亚尼和穆勒，艺术家们对女性裸体的描绘都迎合了当时流行的着装风格的审美，而不是某种超越历史的"裸体"概念。由此，人们只需稍加思考就能认识到，在想象中和纸面上看到的裸体也可能只是复制了当时的着装风格赋予女性身体的理想形式。

性感区域转移理论

在那些将时尚的源头定位于提高性吸引力的阐释中，最著名的就是"性感区域转移理论"(Theory of the Shifting Erogenous Zone)。尽管精神分析学家弗吕格尔(J. C. Flügel)在其经久不衰且见解深刻的著作《服装心理学》(*The Psychology of Clothes*)中并未得出相关结论，但他对此展开了最为充分的阐述。和我一样，弗吕格尔也将矛盾心理（尤其是产生于内敛和外显之间的内心冲突）视为时尚变革的主要动力。他认为这种矛盾性通常会表现在社会地位竞争和性吸引力竞争中。然而，关于后者，弗吕格尔在其大部分论文中都已明确阐释过了。

> 但在所有的时尚变化中，最明显、最重要的可能是关于那些最为突出的身体部位的变化。时尚在其盛行之时，很少满足于自然提供的版型，而是通常会寻求对某个单一部位或特征的特别强调，从而将其作为色情魅力的特定中心。但是，当内敛占主导地位时[对弗吕格尔来说，内敛与外显的张力关系是时尚的关键力量]，这些同样具有更大潜在吸引力的中心则成了特定的隐藏和压制对象。（Flügel, 1930: 160）

弗吕格尔继续展示了中世纪以来，女性的着装如何周期性地放弃一个"最受关注"的身体部位，而将其换成另一个，这通常与历史上人们在平衡内敛和外显的个人展示倾向方面所产生的不平衡性高度关联。弗吕格尔并不是会反对研究只有不到一个世纪的发展的固执的历史学家，他把自己写作的那个时代，即20世纪20年代末，也纳入了视野范围，当时，几乎彻底改变了女性着装的轻薄短裙风格，即将让位于新的风格。

因此，对于过去几年的时尚而言，基于内敛的重要性日益提升，它突出身形而非衣着，理想化了青春而非成熟，以及将色情价值从上半身转移到四肢。我们应该趁这画面尚且持续的时候好好思考一下，因为我们也许正处于一个转折点上，它很快就会从我们的视线中消失。某种反应似乎迫在眉睫，而且确实已经开始了。(Flügel，1930：162)

当然，弗吕格尔的说法并没有错。随着1929年的股市崩盘以及接踵而至的经济大萧条的蔓延，人们确实做出了反应：裙摆变长了，尽管尚未恢复到第一次世界大战之前的程度；借助低胸露肩的讨巧设计，情欲的关注重心重返上半身。

鉴于这个短语用贴切恰当的医学化方法表达了弗吕格尔的观点，我们也就很容易理解为什么"性感区域转移理论"会归因于他。事实上，之后的六十多年里，研究时尚的学者们几乎一致地把这一理论及其命名归功于他。然而，有趣的是，"性感区域转移"这一短语在《服装心理学》中并未出现，而且据我所知，它既不是由弗吕格尔提出的，也不是后来被他挪用的。[1] 尽管如此，将与该理论相关的观点归于他显然仍是合理的。

尽管不是最初的使用者，但英国著名的服装史学家詹姆斯·拉弗（James Laver）爵士在其著作中最为突出地使用了时尚短语"性感区域转移"。虽然这句话可能就是拉弗说的——他并未把它归功于自己，而是将其归功于不知名的"心理学家"——不过他对这一潜在理论的描述远没有弗吕格尔那么精妙。来看一下拉弗极具特色的引用：

> 如果心理学家的"性感区域转移理论"能够被接受，那么一旦兴趣焦点失去了吸引力，就必须寻求下一个。20世纪30年代初，焦点从腿部转移到了背部，即背部一直裸露到腰部的设计。事实上，

---

[1] 在社会科学中，一个明显的误导涉及日益流行的、如今已是日常用语的一部分的"表意的他人"（significant other）。这一术语被普遍认为是乔治·赫伯特·米德提出的，尤其是出自其著作《心灵、自我与社会》（*Mind, Self, and Society*）。事实上，根据相关人士的说法，它并未在米德的任何作品中出现过。

> 这一时期的大多数连衣裙看起来就像是为了从后面看而设计的一样。即使是日常的连衣裙，背部也有一条开衩，裙子紧裹臀部的包臀设计（也许是历史上首次）主要用于显示臀部的线条。（Laver, 1969：241）

在考察"性感区域转移理论"的某些特定缺陷之前，有必要指出它（抑或至少是弗吕格尔更为复杂的版本）与我自己处理时尚来源问题的方法有何不同。首先，虽然弗吕格尔认为服装中的矛盾心理仅仅来自内敛与外显之间的心理冲突，但我认为这是一种更为普遍的情况，无论何时何地，只要与社会身份相关的意义相互冲突，都会产生这种矛盾心理。这意味着在某种程度上，就服装能够彰显意义的能力（尽管它在这方面的能力并不是无限的，参见第一章）而言，它将会受到关于许多不同类型的身份议题（如政治、宗教、种族、文化、地区）的矛盾困扰，而并非仅仅是那些由内敛和外显的主观张力所带来的问题。[1]将时尚运行的根源局限于后者确实限制了其在地位竞争和性吸引力问题上的适用性，这可能就是《服装心理学》如此专门地处理这些问题（尤其是后者）的原因。

其次，作为一名心理学家，而且是以精神分析为导向的心理学家，弗吕格尔的明显倾向是将矛盾性的支点定位于个体心理之中，在那里，矛盾心理被视为一个几乎自主的心理实体。但这并不是说弗吕格尔对服装的社会文化语境知之甚少或漠不关心。任何一个《服装心理学》的读者都不可能存有这样的印象。在书中的很多地方他都指出了欧洲社会的阶级斗争、物质财富、婚恋习俗、婚姻制度、性观念等是如何与内敛及外显的矛盾性产生关联，为之注入活力又常常加剧其程度的，而这种矛盾性正是他所探寻的时尚核心。尽管如此，他的理论承诺，即所谓"性感区域转移理论"，更倾向于构想一种由心理上引发的不稳定性矛盾所驱动的时尚，而不是从文化角度衍生的和作为象征性协商结果的身份地位矛盾。不必说，我个人显然更倾向于强调后者。在我看来，具有象征意

---

[1] 与社会身份有关的其他一些问题将在本书第八章讨论。

第五章 性矛盾：色情与贞洁的辩证法

义的**社会身份**概念充当了一种必要的、概念性的桥梁角色，它将个人主观着装倾向与定义及塑造了这些倾向的文化连接了起来。更直白地说，如果没有在现代文化中涌动的、实际上构成了现代文化的对立思潮，就不会有时尚的矛盾心理。

虽然"性感区域转移理论"可能会很打动人，但它也存在一些严重的缺陷。除了不必要地将时尚理论限制在性领域之外，它还在此基础上将西方文化对性的兴趣和关于性的动机结构的传统视为生物学上预先注定且毋庸置疑的，即男性处于女性的性感区域，而女性处于男性的性感区域（亦即，假设性感区域通常是弗吕格尔和拉弗所说的引发性欲的对象）。此外，虽然不同的时尚有时确实会突出性器官的某个独特部分，但假设它们这样做会相对排除其他性感区域——抑或说穿戴者和观

"从牛仔裤里露出膝盖很性感，你懂什么？"

W. 米勒（W. Miller）绘制；©《纽约客》杂志公司（1987）。

察者会以这种方式做出反应——这从表面上看多少有些牵强附会（参见Lowe and Lowe，1985）。虽然集体注意力从一个性感区域周期性地转移到另一个性感区域可能确实是由服装时尚引起的，但为什么要从一个特定的区域转移到另一个呢？比如，为什么是从胸部到臀部，而不是腹部？这纯粹是某个设计师的心血来潮，还是有更深层次的心理抑或更具可能性的文化力量在影响着转变的方向？在这些问题上，"性感区域转移理论"几乎没有提供任何启示。

最后，什么是"性感区域"？正如该理论隐含的生物决定论让人相信的那样，它们在任何地方都是一样的吗？始终如此吗？那么，为什么有些非洲人会在丰满的嘴唇中找到性刺激，而西方人却认为这很怪异？或者，是什么原因导致了中国人对女性的脚、日本人对女性的后颈着迷呢？而西方人却对这些"区域"无动于衷，甚至可能感到厌恶？此外，如果人们注定要厌倦一个以服饰为特征的性感区域，为什么几个世纪以来中国人和日本人都没有厌倦自己的性感区域，与此同时，西方却不断地从一个时尚周期快速切换到另一个时尚周期？文化相对主义和性别刻板印象的问题几乎不可能在关于时尚变化的"性感区域转移理论"中得到解决。

色情-贞洁的辩证法，象征形式的札记

然而，值得称道的是，那些以色情为基础的时尚理论的支持者（包括弗吕格尔和拉弗），他们都极不愿意声称女性服装所要表达的完全是某种原始的欲望冲动。显然，隐藏、伪装、否认和刻意模糊的元素也进入了这个等式，并构成了从众多服装中衍生出的色情辩证法的一部分。这方面的证据在日常生活、历史与艺术中比比皆是。我引用以下内容，与其说是为了具体证实一个过于明显的情况，不如说是为了表达我心中那种带有色情色彩的微妙而模糊的想法：

据报道，美国设计师卡尔文·克莱恩（Calvin Klein）在解释他

为1990年春季设计的一件露脐晚礼服时说:"这件礼服很性感,但不会太露骨。女性在公共场所(如餐厅)也可以这么穿,并不会引起太多注意。[这是]带有身体意识的着装的第二步——适当露肤,但又不要太暴露。"(Morris,1989b)

服装设计师丽莎·詹森(Lisa Jensen)负责为米歇尔·菲佛(Michelle Pfeiffer)在电影《一曲相思情未了》(*The Fabulous Baker Boys*)中扮演的性感歌手设计挑逗性的服装,她讲述了自己是如何通过"遵循性感的黄金法则"为菲佛实现这一效果的:"不要全露出来……虽然她(菲佛的角色)有理想的身形,但她无意身着任何过于性感的衣服,比如稀松平常的、开衩到大腿的[裙子]……不一定总要大面积露肤。你应该和身体玩捉迷藏。"(Goodwin,1989)[1]

然而,这些例子与西方艺术中最引人注目的关于色情-贞洁张力的例子,让·富凯(Jean Fouquet)15世纪的著名画作《圣母子》(*Virgin and Child*)相比,就显得乏善可陈了。模特是富凯的赞助人法国查理七世的情妇阿涅丝·索雷尔(Agnès Sorel),她身披宽大斗篷,面容清纯,高傲地向膝上的圣婴耶稣展示着从紧身胸衣中袒露的异常性感的乳房。

正如性别和社会地位一样,色情和内敛的辩证法也引发了多种不同的回应。虽然同属于一个广泛的范围,但它们在表达内涵上却存在些许不同,值得在此描述几例。例如,有人可能会提到贞洁-滥交(有时被暗指为"圣母娼妓"综合征)、直率-古怪、朴素-迷人、沉默-鲁莽、天真-老练、精致-傲慢、开放-戒备、精神-肉体等诸多对立。同样,几个世纪以来,被服装所玩弄的色情的象征性对立几乎无穷无尽,尽管这些象征性对立或多或少微不足道,但最终都是有意义的。但是,仅凭经验就能明显看出,无论色情价值在彼此接续的不同时期中如何含糊与多

---

[1] 我要感谢杰奎琳·怀斯曼(Jacqueline Wiseman)让我注意到报纸上的文章,这一例证正是出自那里。

让·富凯,《圣母子》,安特卫普皇家美术馆。

变,最终都能传递给服装的观察者。然而,如何做到这一点却带来了更为棘手的分析问题,这也正是我现在所欲谈及的。

我在此处并不打算对这个问题展开全面分析(参见本书第一章);默里·瓦克斯(Murray Wax, 1957: 588—593)对此主题撰写的开创性著作以及马歇尔·萨林斯(Marshall Sahlins, 1976)近来所持的观点与我的看法基本一致,即认为诸如"贞洁"、"开放"或"精致"(以及它们之间的相互矛盾)等**服装可接受**(apparel-receptive)的价值观是通过一些复杂的

第五章　性矛盾：色情与贞洁的辩证法

象征联系认知过程与特定的视觉设计特征相关联的。[1]且在较低的程度上，还或多或少与触觉和嗅觉品质有关。[2]在瓦克斯对化妆品和装束的讨论中，他还指出了诸如随意性和控制性、暴露性和隐蔽性、可塑性和固定性等特征。例如，现代胸罩可被看作色情－贞洁辩证法的例证之一，它利用了隐蔽性与暴露性的设计特征：

> ［它］掩盖胸部不让人看到。另一方面，胸罩却使胸部更为显眼，这样一来，即使在几层衣服之下，旁观者依然能欣赏到女性的身形。（Wax，1957：589）

当然，类似的效果也可以通过以下方式予以实现：在原本严格剪裁的裙子上开出高至大腿的开衩，衬衫的纽扣略微错开后再扣紧时所强调的胸部位置。20世纪初，正如科尔·波特（Cole Porter）在30年代的音乐剧《万事皆可》（*Anything Goes*）中所说的那样，在女性的裙摆开始从底部上移之前，"瞥一眼丝袜"（a glimpse of stocking）竟被视为"令人震惊的事情"。《洛杉矶时报》的时尚版上有一则关于色情－内敛辩证法的最新例证（这在最近的任何时尚出版物上都几乎随处可见）：

> 对于圣罗兰、迪奥（Dior）、温加罗和纪梵希（Givenchy）来说，新的性感区域是裸露的背部和臀部。这四个系列都有天鹅绒或绸缎质地的遮盖式晚礼服。一旦模特转过身去，背部就完全裸露，而臀部则被超大的蝴蝶结或半身裙所强调。（McColl，1982）

正如《纽约客》的时尚作家布吕巴赫（Brubach，1989a）最近指出的

---

[1] 萨林斯（1976：179—204）在他对"美国服装体系"的讨论中，从公认的结构主义角度论证了这种形式特征，像颜色（如浅色与深色）、色调（明亮与暗淡）、质地（粗糙与光滑）、方向（水平与垂直）和线条（直线与曲线）等形式特征都以系统的方式（然而我们却很少认识到这一点）对性别、地位、年龄、职业、生活方式、种族等基本文化差异进行了编码。除此之外，还必须加上性别议题，尤其是女性的着装问题。

[2] 例如，关于香水的传统观点认为，甜美的花香意味着内敛，而油性的麝香则代表着性感。

色情-贞洁辩证法中熟悉的转折点:解开的扣子。由 Tweeds 公司提供。

色情-贞洁辩证法中熟悉的转折点:半透明质地。由Tweeds公司提供。

那样，使用面纱和半透明面料往往也是为了达到类似的目的。

就像拉格费尔德和他之前的香奈儿一样，阿道夫（Adolfo）也设计了一组暴露的晚礼服，并配以用于遮掩的薄纱——这是一种巧妙而优雅的方式，让年长的女性看起来既稳重又性感。

在所有这些例子中，被编码的既非色情也非内敛，而是它们相互对立的存在性张力。当然，在不同的时间和地点，张力施加于一边或另一边的权重是不同的。无论如何，这种平衡感或失衡感都传达了着装者在性方面的真实身份。

色情-贞洁辩证法的另一个重要视觉设计特征是象征性地将"较大"的象征意义压缩到某件服装的设计之中，顺便说一句，这一特征贯穿了服装传达社会身份的整个能力。女鞋就是一个例证。例如，露跟女鞋被认为象征着乳房；牛津鞋象征着无性的严肃；低帮鞋意味着乳沟；细高跟鞋表示反常的性欲；露脚趾则是对内衣展示的渴望（Pond, 1985）。[1]

当然，对所有留意女鞋造型的人来说，意义并非那么具体，显而易见的是，其内涵会因场合和地点的不同而有所差异。（鞋子款式是与女性的其他配搭相辅相成还是形成对比，也可能影响到所要传递的身份信息。）尽管如此，在视觉整体中，一个相对较小甚至可以说是次要的单品，对某些人来说却可以包含如此多的性信息，从分析的角度来看，这一点无论真实与否都很吸引人。米米·庞德（Mimi Pond）便从中发现了很多有趣之处，上述例子就摘取自其著作。

色情-贞洁矛盾的根源

在这里，我们可能无须详尽思考色情-贞洁张力的历史和文化根源，这种张力存在于人类生活以及对其予以表现的服装之中。几个世纪以

---

[1] 女帽在20世纪60年代完全过时之前的几十年里，据说也有类似的功能。艾莉森·卢里（1981: 242—243）以同样的戏谑方式为手袋和钱包做了分析。

来，西方的求爱风俗在禁止女性性诱惑的同时，还禁止婚前性行为（更别说婚外性行为了），这些均为通过衣着演绎色情-贞洁辩证法提供了丰富的戏剧资源。一般而言，就像几个世纪以来围绕地位展示问题而产生的张力关系一样，这种矛盾心理在很大程度上源自犹太-基督教伦理诋毁性欲并赞美内敛与贞洁的持久形象。它把性交仅仅贬低为夫妻间的生殖目的，这进一步强调了辩证法中的贞洁成分。

另一方面，不同时代的西方有着不同的异教享乐主义和浪漫主义的混合体，这些混合体在两性关系中赋予了情欲之乐以中心地位。在现代社会，这种倾向在很大程度上由于避孕器具和其他节育方法的普及而有了进一步的发展。总的来说，18世纪以后，更确切地说是后维多利亚时代，将婚姻与浪漫爱情结合在一起的求爱精神，反过来又与色情的实现结合在一起，从而极大地强化了矛盾心理中色情的这一边。

显然，就某些常规的着装规范而言，这些矛盾可能会以不同的比例结合在一起，而时尚则往往决定了这些组合的平衡。例如，在迪奥20世纪40年代的"新风貌"（New Look）中，裙摆长度仅略高于脚踝，与之形成对比的是20世纪60年代末的超短裙，尽管二者最初都引发了审美和道德上的困扰，但最终仍被广泛接受。[1]

与此同时，可以肯定的是，某些被广为接受的着装模式几乎完全消除了与其着装风格相反的趋势，但有趣的是，对相反趋势的某些最低限度的尊重还是得到了保留。我们可以从截然相反的两个角度分别举出这样的例子，修女服和比基尼［尤其是后者中越发常见的"无上装"（topless）穿法］。前者允许暴露面部，这无疑是某些色情关注的焦点，而后者则仍然设法巧妙地隐藏了阴部。因此，即使是这些极端的着装风格，也不能否定几个世纪以来西方服装（尤其是18世纪晚期以来的女性服装）中所蕴含的色情-贞洁张力。

---

[1] 大约在1947—1949年间，法国的迪奥时装屋被抗议"新风貌"的女性所包围（O'Hara, 1986）。在美国，也有不少公众游行和示威反对这种风格，谴责它的决议还被引入了几个中西部州的立法机构。20世纪60年代超短裙时尚的"性自由"内涵在很多地方都引起了极大的争议，20世纪80年代末，复兴超短裙的尝试也基本上宣告失败。

裸体主义和色情－贞洁的辩证法

当然，这并不是要否认在过去和现在的文化中，如果没有这种张力表现在着装上，人们就可以自由而赤裸地向着世界奔跑。事实上，我们没有理由认为，利用着装来表现性内敛与性外显是由人性所决定的，就像男性穿裤子和女性穿裙子一样。然而，现代裸体主义者的态度和做法不应与这种原始的纯真混为一谈。裸体主义者宣称不穿衣服的方式是优越的，这本身就证明了他们想要推翻的"色情－追求"（erotic-chase）编码（即穿上衣物）及其**在西方文化中**界定身份的力量。[1] 相比之下，不穿衣服或几近赤裸的社会则试图在不主动参照色情－贞洁辩证法的情境下勉强度日。

对于西方服饰中色情与贞洁的辩证法而言，作为生活方式的裸体主义或许构成了终极的讽刺。裸体和色情之间的文化关联是如此之深，以至于尽管裸体主义者一再主张"健康""自然""诚实与直率"，但社会仍然坚持认为在公共场合裸体是不雅、淫秽和非法的，虽然这在实际上并不构成犯罪。[2] 与此同时，那些与裸体主义者有过长期接触的人大多持有一种观点，即，随意的裸体有着十分怪异的去色情化（Davis, 1983）。在平庸的层面上，这仅仅证实了米歇尔·菲佛的服装设计师（在本章前半部分引用过）的天生智慧，她的性唤起黄金法则是：不要全露出来！在更为末世论的层面上，它指向了对手彻底覆灭的悲怆。裸体主义如此彻底地剥夺了内敛对服装的保护，进而抹杀了色情。

---

[1] 即使是最自由的现代人也可能在公共场合遭遇裸体时产生不安的反应，想要了解这种有趣的表现，可以看看伊塔洛·卡尔维诺（Italo Calvino, 1985）小说《帕洛马尔》（*Mr Palomar*）中的趣文《袒露的乳房》（"The Naked Bosom"）。

[2] 简·斯特恩和迈克尔·斯特恩（Jane and Michael Stern, 1990）生动地描述了一群思想坚定的纽约州罗切斯特市的中产阶级裸体主义者所经历的考验和磨难，他们试图无视当地禁止在公共场合裸体的法律法规。

其他主题及变体

当然,色情与内敛的辩证法所能追求的微妙和复杂,即便不是无限的,也肯定足以沿着任何可以想象的路径去影响意义、情绪和态度。尽管齐美尔(1984:146)对女装本身并不关心,但他撰写的关于调情的文章以其特有的洞察力和巧妙的概念转折很好地捕捉到了眼前的各种可能性。

> 调情者将各种客观的对立都置于她的支配之下:一种诱人又令人沮丧的眼神,虔诚又不信神,天真又世故,博学又无知——事实上,一个女人可以卖弄她的轻浮行为,就像卖弄她的非轻浮行为一样。同样地,所有的东西都必须由艺术家支配,因为他除了形式之外别无他求,所以形式也必须由调情者所支配,因为她只想将其融入到控制与释放、顺从与厌恶的游戏之中。

从历史和美学上看,西方的服饰编码至今已足够丰富和多变,足以实现齐美尔所说的微妙之处。然而,正如在一般艺术中一样,这在很大程度上取决于"观众的成熟度";取决于穿戴者和观察者能否理解设计师试图通过其造型风格传达的限制条件、矛盾,以及被精心设计的歧义和悖论(无论它们是直观的还是不确定的)。毫无疑问,与此相关的是,正如甘斯(Gans,1974)和其他学者在谈到通常意义上的文化产品消费时所指出的那样,现代社会的"观众"是按照年龄、阶级、性别、种族和生活方式等诸多线索划分的,因而根据不同的划分方式,其对文化产品的解读能力也会略有不同。

话虽如此,但许多微妙的情色态度仍然巧妙地利用视觉惯例和文化趋势,设法以某种方式得到了传播,至少对于那些对时尚敏感而倾向于关注这些细微差异的受众来说是这样。[1]肯尼迪·弗雷泽在她后期为

---

[1] 例如,年轻有为的纽约设计师克里斯蒂安·弗朗西斯·罗斯(Christian Francis Roth)为了利用当今高速提升的环境意识,而在其设计中融入了大量的生态主题。

《纽约客》撰写的时尚文章中,经常会评论交织于色情-贞洁辩证法中的各种复杂问题,尤其是当它试图应对来自女性运动的意识形态影响时。在写到1977年秋季系列中超短裙的再现时[1],她指出:

> 几乎所有的纽约设计师都至少展示了一个象征性的超短裙例证。……但是,当超短裙得到展示的时候,通常会配以整套的腿部伪装技巧——高筒靴;袜子卷在靴子上或搭配"堆堆袜";护膝;护腿;以及与裙子颜色相搭配的紧身裤袜和鞋子……短裙对腿的影响由此大打折扣。时装业和时尚媒体以一种近乎恐惧的谨慎态度看待着大幅缩短裙装长度的前景。(Fraser, 1981: 186)

弗雷泽在写到1978年的纽约时装发布会时指出了不断变化的生活方式是如何将表面上明显带有色情意味的信息转变为完全不同的东西的:

> 所有这些,就像今年第七大道上的许多其他晚装风格一样,都宣告了"性感"的官方信息。对于一夜情来说,这类衣服可能性感也可能并不尽然……也许,这些衣服是用来传递自信的。但它们显然不适合开启或维持人们不由自主地坚持渴望的那些"持久关系"。最终,大部分性感的新衣服看起来就像是讽刺性感的服装。因为象征着新女性的衣服之下是新的身体。这意味着慢跑、锻炼、节食,以至于看起来中性化。它需要性,就像它需要海带或维生素B15一样,即基本上并不是必需品。(Fraser, 1981: 219)

更为矛盾的是,通过难以捉摸的象征性融合过程,同一件服装随着

---

[1] 1987—1988年,超短裙的再次风行引发了美国女性更大的抗议。时装业预感到经济崩溃即将来临,就像20世纪70年代中期因为迷笛裙的惨败而遭受损失一样,匆忙上架了有着更长裙摆的裙装、及膝短裤和裤装,希望能从零售商货架上成千上万未售出的超短裙中挽回一些损失。

时间的推移,可以同时为维纳斯和戴安娜服务。艺术史学家戴维·孔兹(David Kunzle,1977:579)提供了一个引人注目的例证。[1]该例证反驳了一个熟悉的女性主义论点,即维多利亚时代的紧身胸衣和其他形式的女性束身衣象征着女性的社会禁锢和情欲剥夺,他认为:

> 14世纪中期,束腰以及露肩首次以时尚的形式出现,这并非历史的偶然,尽管认可度每况愈下,但它还是持续到了第一次世界大战。束腰和露肩是西方服装中首要的展示性感的手段,它源自人们最初的性意识,并以公开和社会的方式意识到了性犯罪。他们这样做既是基督教性压抑的原因也是结果,这种压抑在维多利亚时代达到了顶峰。由于在战争、工作等方面几乎没有性升华的手段,女性由此做出了辩证的回应:她以束缚的原则满足了基督教的禁欲、身体和自我否定的理想,以暴露的原则满足了性的、自我表达的本能。她通过束腰来摆脱束胸,使道德原则服务于性本能,反之亦然。作为日渐衰落的宗教习俗和情欲的体现,女性采用了"修道院"式着装方式;同样地,作为自然的化身,她也否认了——讽刺了——最初的精神目的。紧身胸衣的消弭不是因为(女装)改革者的运动,而是因为找到了其他方式来展示两性对性和自我表达的实现。(Kunzle,1977:579)

孔兹并未说明这些其他手段是什么。显然,后维多利亚时代的女性服装已经完全可以胜任这项任务了。

值得注意的是,孔兹的分析是对维多利亚时代道德风气的一次更为广泛的历史性重估,尤其是对维多利亚时期女性服饰及其关系的重估。这一重估质疑了学者和受过教育的公众普遍持有的传统观念,即这是一个对女性进行极端性压抑的时代,这种压抑不仅是强制性的,而且是通过女性的穿着象征性地形塑出来的。与我关于服装总是给人留下矛盾印象的论点

---

[1] 关于紧身胸衣、蕾丝、捆绑和其他身体束缚在时尚中的作用及其历史和心理分析,参见Kunzle,1980。

相一致,其他学者(如孔兹)也在维多利亚女性看似阴沉的服饰中发现了色情化的"细节"。评论家们则表现出一种更为敏锐的、文化相对主义的意识,即20世纪晚期人们眼中保守、明显去性别化的服饰,在那个时代的人们眼中可能有着完全不同的意义。斯蒂尔正是这种重新评价的主要支持者,她对维多利亚时代的性特征和着装的调查得出了这样的结论:

> 如果我们可以谈论"官方"的"中产阶级"(维多利亚时代的)女性气质的理想型,那么对19世纪时尚的分析则表明,这种理想型在某种程度上是色情的。维多利亚时代的女性扮演了很多相互矛盾且模棱两可的角色,但她不能被定性为假正经、受虐狂或性奴。她的着装表明她是一个性感的女性,但这在她的文化背景下有着特殊的含义。(Steele,1985:100—101)

结　　论

因此,我们可以公平地推断,即使在当时,关于色情和贞洁的辩证法(正如其现在所经历的那样)已经在西方服饰和时尚变化中发挥了深远的作用。尽管在维多利亚时代,对立的服装力量及其平衡与现在迥然有别,但二者都持续存在并陷入了某种不断产生张力的交换之中,这似乎是无可争议的。当然,人们可能会想知道未来几十年的力量平衡状态,以及大约从第一次世界大战期间开始的向色情一边的倾斜是否能够持续并肆无忌惮地进入新世纪,尽管也许偶尔会有一些小的倒退。到那时,近乎裸体或裸体本身是否会最终消除由"内敛"的反向吸引力所塑造的情欲元素?事实上,到20世纪60年代末,一些人在已故的鲁迪·简莱什(Rudi Gernreich)的极简主义、近乎裸体和无上装设计中看到了这一预言。

然而,只有最有勇无谋的人才会声称自己拥有这样的先见之明。因为,正如几个世纪以来的时尚所证明的那样,潮流的逆转可能既突兀又深刻。已经有预言家声称,他们在公众对艾滋病和其他性传播疾病的高度隐忧中发现了这种逆转的迹象。但他们也同样可能被证明是错的。

第六章　作为周期与进程的时尚

> 当下的时尚总是赏心悦目的。
>
> ——托马斯·富勒（Thomas Fuller）101

无论我们对此有多了解，我们可能都会感到惊奇，设计师头脑中浮现的"新想法"——一个经常与当时盛行的视觉惯例相悖的想法——竟然能如此迅速地不仅传播给广大公众，而且还被公众认为是美丽的。因为正是这种视觉的"转换过程"（通常既是智性也是情感的转换）构成了时尚的本质。曾经"流行"的东西现在"过时"了；昨天还极富魅力的东西今天就乏善可陈了；去年的款式看起来总是不对劲，无论你怎么尝试都没办法让它看起来顺眼；诸如此类。很多其他类似的陈词滥调也都可以证明这一点。尽管我们在另一个层面上认识到了时尚的短暂性、任意性和重复性，但我们往往仍会（在进行抵制的同时）屈服于它们。

为什么会发生这种情况？又是**如何**发生的？到目前为止，我已经对第一个问题给予了大量关注，这主要是通过强调身份地位矛盾在西方社会服饰交流和时尚创新中扮演的角色而实现的。现在是时候转向对"如何"的探究了。

时尚周期与时尚进程

这两个术语在学术界甚至流行的时尚著作中都得到了广泛而交替地使用。因此有必要对其予以区分。**周期**（cycle）最好的定义是从时尚的引入（新的"造型"、新的视觉形态、服饰重点的明显转变等）到被连续的时尚所取代的阶段性时间。**进程**（process）是指个人、组织和机构之间的影响、互动、交流、调整和适应的复杂过程，这些过程推动着周期从开始到结束。

当然，如果我们想要理解时尚周期中发生了什么，以及它是如何发生的，就需要对这两个术语加以描述、规范和限定。虽然我不会尝试在这一问题上面面俱到，但还是会在本章中对周期及其相关进程的一些突出特征展开综述。我还将援引一些更为重要的社会科学理论来进行阐释。这可能会成为下一章详尽讨论时尚进程从诞生到消亡的各个阶段及其影响的实用背景资料。

周期，过去和现在

时尚周期常被比喻为海中的波浪（Brenninkmeyer，1963：52—53）。当一个波浪达到其峰值并开始消散时，新的波浪就形成了；它们也将达至顶峰并可能超过前一波。但波浪本身呢？它们是遵循相同的模式，还是在振幅、速度和力度上有所变化？事实上，有些学者坚持认为，就像在波涛汹涌的海面上一样，几种不同的波浪（长/短、大/小、主/次）会在同一时刻重叠。不同波浪图案的形成将取决于人们观察到的时尚特征（如廓形、下摆、面料、颜色、衣领）。因此，以女装领域为例，对下摆长度和颜色的强调通常会比基本廓形的变化更为频繁，但即使如此，流行季交替时的变化幅度也可能极不稳定，有时很明显，有时又微不足道。

因此，虽然大家对于时装是周期性的这一观点达成了共识，但对于周期的性质和内容却各执一词。[1]值得注意的是，这是一个困扰着从斯

---

[1] 其他领域的时尚（如美术、文学、建筑、汽车造型、家具、家养宠物、烹饪）是否也具有周期性，抑或就此而言，周期性本身是否存在都还存疑。部分（尽管不是全部）答案将取决于在其他领域是否存在建构和维持时尚周期的制度性机构。尽管有学者（Moulin，1984）认为视觉艺术正在迅速接近类似的情况，但显而易见的是，服装行业在这方面比它们走得更远。

宾格勒（Spengler）到关于股市的所有周期性理论的问题。寻求超越人类行为变化的某种内在的或"自然的"法则，以解释周期性模式中的每一个变动与偏差，这几乎无一例外地会与历史相抵触。[1]但是，当"法则"试图适应历史的古怪现象时，它往往会失去说服力；一连串的例外和调整压倒了周期性理论最初拥有的一切潜能。

尽管缺乏类似法则的属性，但就时尚周期及其在西方社会八个世纪以来的发展方式而言，一些审慎的概括似乎是有必要的。例如，学者们（Bell, 1947; Lowe and Lowe, 1985）普遍同意尽管时尚周期的持续时间不尽相同，但时尚变革的潮流自13世纪以来就从未间断过。这一发现本身并没有什么有趣的地方，它只是表明了西方社会存在某些结构和文化的连续性，尽管几个世纪以来发生了深刻的社会变革，但这些连续性仍在激发着大众品味和情感的变化，而后者正是时尚的标志。其中的一些连续性，例如那些从令人反感的地位制度和禁欲倾向中衍生出来的犹太-基督教伦理的道德印象的连续性，已经在前几章中讨论过了。

此外，自19世纪尤其是第二次世界大战以来，时尚周期的步伐已大幅加快，[除了对此持反对观点的洛维夫妇（Lowe and Lowe, 1985）]这一点已达成了广泛共识（Anspach, 1967; Bell, 1947; Brenninkmeyer, 1963; Fraser, 1981; König, 1973）。19世纪的决定性发展是独立服装设计师的出现，他们主要为上层中产阶级女性设计服装，而并非像以前那样，为个人客户（典型的贵族女性或上层资产阶级社会的杰出人物）设计服装。[2] 1858年，出生并成长于英国的查尔斯·弗雷德里克·沃斯（Charles Frederick Worth）在巴黎建立了自己的设计公司，他也被公认为是独立设计师的先驱（O'Hara, 1986: 265）。自此之后，时尚周期便迥然有别了。在沃斯之前，为贵族和资产阶级女性设计礼服和其他服装的设计师几乎不为公众所知。

---

[1] 在时尚研究中，克罗伯（Kroeber, 1919）对几个世纪以来女裙比例的定量分析成了这种方法的**经典之作**。
[2] 当然，在19世纪的所有艺术中都发生了类似的转变，即从贵族赞助到独立生产，以形成一个尽管备受阶级限制但仍然更为广泛的市场。

"我从来没有弄清楚,男人的裤脚悄无声息地消失了一段时间后,
又神秘地重现了,这是怎样的一种周期。"

D. 赖利(D. Reilly)绘制;©《纽约客》杂志公司(1989)。

在19世纪中叶以前,一种服装风格往往需要几十年的时间才能取代另一种风格。在沃斯推出新的女装时尚之后,也许在每个季节都会有细微的改变,而且通常只会持续十年左右,偶尔也会更长一些。如今,一种新风格持续时间不超过一两季的情况并不少见。服装行业的资本密集化和合理化，民主化和阶级界限松动所带来的消费者富足，以及通过电子媒介得到大幅加快的信息流动，这些都被认为是导致时尚周期跨度逐渐缩短的典型因素。甚至有人指出（Davis，1979；Klapp，1969），这些力量（尤其是大众传媒）让时尚周期变得如此之快，以至于它有可能面临彻底消亡的危险。无独有偶，一位时尚作家最近观察到：

> 时尚的周期越来越短。自20世纪60年代以来，60年代的服装再度流行了多少次？它们永远不会因为过时太久而惨遭淘汰。很快所有年代都会冒险地开始重叠。很快所有刚流行的东西几乎同时就要过时了。（Hochswender，1991a）

最后的观察涉及时尚周期的另一个变化，特别是在第二次世界大战以后的那段时期，即所谓"时尚多元主义"（fashion pluralism）的出现。由于这个词出现在不同的语境中，因此让人很难给它附加一个单一的指称。然而，其潜在的主张在于，与20世纪初的情况形成鲜明对比的是，当代服装时尚既不像过去那样普遍，也不像过去那样具备象征性的焦点。今天，无论是女装还是男装都不可能再有一种时尚能像过去那样独领风骚，比如裙衬、裙撑、直筒低腰连衣裙、迪奥的"新风貌"，抑或三件套单排扣男士西装。如今的时尚似乎也无法再在整个社会以及所有阶级和地位群体中强制执行统一的着装要求。贝尔（Bell，1947）预见了这一点，他声称自19世纪最后几十年以来，服装及其伴随的风格在场合和活动方面变得越来越具体：日装和晚装、商务装和休闲装、城镇和乡村着装、居家服和工装、季节性着装等。在某一领域占主导地位的风格和时尚并不会自动得到延续，甚至不一定会影响到另一个领域的主导风格。

但是，时尚多元主义的概念所涉及的远不止服饰的特异性现象。结合对"涓滴理论"的广泛批评（稍后将做详细介绍），这也隐含了一种等级组织、象征性共识的社会威望结构的传递［假设它曾以凡勃伦（1899）和齐美尔（1904）所描述的方式存在过］，在这种结构中，所有群体、阶级和小圈子都朝着同一个方向寻找（无论多么迅速或迟钝）公认出色的、可认同的和时尚的线索。这就解释了19世纪和20世纪早期的许多时尚风格在社会阶级和地位结构中传承时，其风格始终如一的原因。

相比之下，研究当今世界时尚传播的学者（Field，1970；King，1981）声称，时尚多中心主义的状况普遍存在。不同的社会经济、年龄、亚文化、民族和区域的集群，无论他们与"生产资料"或某个社会的职业结构有何种关系，都会接纳并经常打造自己独具特色的时尚，其中一些（例如蓝色牛仔裤、受朋克影响的发型、给女性穿的男士衬衫、男式耳环、扎染T恤、嬉皮发式、运动鞋等）很快会通过横向甚至向上的趋势传播到其他亚文化以及更具包容性的社会群体之中。[1]然而，在当代美国特别是年轻群体中，时尚可能变得极为区域化，以至于在一所高中或初中的"流行时尚"与同一城市附近学校的"流行时尚"截然不同（Louie，1987；Penn，1982；Rimer，1985）。

时尚周期的若干理论

当然，在周期的概念中还包含着一些阶段的概念，通常认为它们至少分为开始、中间和结束。这种描述往往伴随着一些因果关系，旨在解释所讨论的现象如何从一个阶段移动（或展开，或呈现）到下一个阶段。时尚正是如此。阅读有关该主题的大量文献（参见Kaiser，1985；Sproles，1985），就会发现时尚周期的各个阶段都存在许多不同的构想方案，以及大量的理论，后者被用以解释这些阶段何以如此发展。但是，即使只是考虑到后者，也会让我们陷入与进程相关的问题；因为几乎没有哪一种理论会天真到把时尚周期想象成"自在之物"（ding an sich），即可以完全不受外界因素的影响而自由地展开。相反，几乎所有的理论都提出了某种力量或条件，它们使时尚周期得以激活并遵循自身的阶段性进程。

尽管如此，还必须指出的是，要使学者们就周期的各个阶段达成基本一致，要比用理论来解释它们容易得多。或许是出于纯粹的逻辑必然性，

---

[1] 参见本书第四章关于牛仔裤的进一步讨论。

所有人都明确地或潜在地赞同"开始-中间-结束"这一关于阶段的公式或它的某种变体。[1]然而,关于时尚进程的实质性理论却五花八门。正如前面提到的那样,有些人认为无聊是时尚变革的源泉。另一些人则强调性诱惑,有时甚至通过提及"性感区域转移理论"来进一步说明相关条件。还有一些人从市场利益中得到启发,有时会将该理论延伸到对至少最低限度的隐性经济阴谋概念的囊括。例如,萧伯纳(G. B. Shaw)有一句被经常引用的格言(Auden and Kronenberger, 1962, 126):"时尚不过是一种被诱导的流行病,这证明了流行病可以由商人诱发。"当然,还有一些我们了然于心但又有点语焉不详的后验的时代精神(Zeitgeist)理论。[2]

然而,正如上文所述,20世纪以来,迄今为止最突出的时尚**社会学**理论是涓滴理论,抑或布鲁默(1969a)所谓"阶级区分"(class differentiation)理论。由于这些彼此关联的涓滴理论和阶级区分思想对该领域的学术和流行写作产生了巨大影响,因此,在下一章对时尚进程的各个阶段展开研究之前,考察一下该理论的局限性还是有所裨益的。否则,这一理论的持久吸引力(尽管我认为是失真的)可能会扭曲人们对时尚进程在当今世界中实际运作方式的理解。

涓滴理论,一种批判

正如凡勃伦(1899)和齐美尔(1904)的支持者所详尽阐述的那样,顾名思义,时尚进程的涓滴概念本质上认为时尚始于社会结构的顶端,并最终发展到社会底层,尽管可能并未触及马克思所谓"流氓无产阶级"(lumpenproletariat),但仍处于我们通常认为的"下层阶级"(underclass)。在其下降过程中,新时尚可能具有的美学创新性消失了,为了满足大众市场的经济需求,它日益庸俗化,或者通俗一点说,逐渐变得"俗气"。随着这种时尚进入下层中产阶级和上层工人阶级,它自然就不再时髦

---

[1] 在随后关于时尚进程的深入探讨中,我也采用了这样的方案。
[2] 或者正如许金(Schucking, 1944: 5)在他对文学创作的时代精神理论的批判中简明扼要地指出的那样:"很容易将需要证明的东西作为论证的一部分进行引用。例如,哥特时期的精神首先从其艺术中被推导出来,然后又在其自身的艺术中被重新发现。"

了。到那时,上层阶级(尤其是更具时尚意识的阶层)已经确定了一些新的时尚。这反过来又开启了新一轮的周期。

因此,涓滴理论(通常与"服装商阴谋"的暗示相关)主要强调时尚的阶级区分功能。[1]当然,西方社会也有很多关于公民生活的内容为这种强调提供了可信的依据。阐释这一理论的基本推理如下:

> 社会的阶级结构需要采用象征手段,社会阶级则通过这些手段实现彼此区分。一般而言,服装(尤其是时尚)在这方面具有绝佳的优势,因为它们提供了一种高度可见且具有经济战略意义的手段,这意味着"上层"可以通过服装的质地和"时髦度"来表明他们比"下层"更具阶级优越性。此外,下层会及时地效仿上层阶级的时尚,无论其方式多么直白粗糙,都象征性地证明了阶级体系中固有的顺从模式的合法性。也就是说,下层的人因此表现出了对"更好的人"的"恰当的尊重"。(Goffman,1951)

尽管凡勃伦和齐美尔都没有明确地将这一过程称为"涓滴"效应——在20世纪后期的经济讨论中极具政治争议性的术语——但在凡勃伦1899年和齐美尔1904年的经典著作中已有充分的证据表明,他们基本上是按照这一思路理解时尚的。在齐美尔(1904:136)论述时尚的文章中,仅术语本身未曾被提及[2]:

---

1 按照近乎经典的帕森斯主义观点,该理论强调结构-功能(structural-functional),在"功能"中发现的即使不是唯一的,也肯定是对所讨论现象的充分解释(参见 Parsons,1951)。
2 不过,总的来说,齐美尔对"涓滴"效应的诠释要比凡勃伦更为微妙和深刻。凡勃伦坚持将"炫耀性浪费"和"炫耀性消费"视为时尚的必要条件,以此将有闲阶级和弱势阶级区分开来。齐美尔认为,除了这种社会功能之外,时尚还在人际层面提供了一种近乎理想的机制,该机制可以平衡在其社会学著作文集中(Simmel,1950)占据重要地位的几种"相反的人类倾向",即个性化与平等化、联合与隔离、依赖与自由等。他所认为的是,时尚既能使人们表现自己的个性,又能使他们与许多有着同样爱好的人保持一致。或者,正如萨丕尔(1931)后来所说的那样:"时尚是以背离习俗为幌子的习俗。"齐美尔(1904)对妓女在时尚进程中的特殊地位的分析也具有非比寻常的先见之明:虽然"其特殊的背井离乡生活形式"允许她们在时尚领域中引领风潮,但其始终无法自行建立或合法化一种新的时尚。这种权力是留给上层阶级的。

时尚不断地改变着社会形式、服装、审美判断,以及人类表达的整体风格,然而,时尚(即最新的时尚)在所有这些方面中只影响上层阶级。一旦下层阶级开始效仿他们的风格,进而越过了上层阶级所划定的界限并破坏了其一致的规则性,上层阶级就会背离这种风格,转而接纳一种新的风格,这反过来又使其区别于下层大众;游戏就这样乐此不疲地进行着。

巴伯(Barber,1957)和鲁滨逊(Robinson,1961)提出了支持涓滴理论的最新观点,尽管后者修正了这一说法,指出新时尚在社会阶层内部的扩散很可能是水平的而非垂直的(King,1981)。

顺便一提,在之前关于时尚周期的讨论中,已经有人对涓滴理论提出了批评,即它无法解释日益成为当代服装之特色的时尚多元主义和多中心主义。然而,涓滴理论实际上在其他许多方面都存在缺陷(但公平地说,几乎所有关于时尚进程的合理解释都是如此,无论我们是否将其称为理论)。

对身份地位矛盾的讨论(第四章)触及了涓滴理论的一个最明显的缺陷。这是一种还原论假设,即不管设计师或穿戴者的意图如何,时尚最终只与象征性社会阶层有关。然而,如果我们遵循"回到事物本身"的现象学(和常识)律令,那么显而易见的是,通常衣着(尤其是时尚)更多传达的是关于个体的信息,而并非其所占据或渴求的社会地位。正如我在整本书中试图展示的那样,性别、性特征、年龄归属、休闲倾向、种族和宗教认同、政治和意识形态倾向,以及个体的一些其他属性都可以在我们的衣着中发挥作用。从如此丰富的设计中分离出某个单一元素,尽管其重要性毋庸置疑,但这实则是在破坏这一现象本身。因此,即使是那些仍在认真对待这一理论的人(McCracken,1985b),也会引入大量的限定和附加条件,旨在延展其对时尚的狭隘视野。

该理论狭隘的象征性焦点只是时尚社会学理论普遍存在的更大缺陷的一部分,包括涓滴理论最有力的社会学批评家赫伯特·布鲁默(1969a)的理论。正如我在其他地方已经讨论过的(Davis,1982),尽管社会学可以告诉我们很多关于时尚如何在人群中传播的信息（即时尚进程的结构纲要），但迄今为止，它几乎没有告诉我们特定的时尚**意味**着什么（即通过新旧时尚所传达的图像、思想、情感以及实现这一点的象征手段）。缩短的裙摆或双排扣西装对那些在社交圈中率先谨慎接纳它们的人来说意味着什么？这些难以捉摸抑或尚不成熟的含义是如何与时尚周期之前及之后的含义相联系的？为什么会有一些新的含义（即，新时尚）让人"一见倾心"，而另一些却难免"草草收场"？与其他时尚社会学理论［塔尔德（Tarde）和萨姆纳（Sumner）的模仿理论、柯尼希（König）的置换性冲动强调、布鲁默的"集体选择"（collective selection）］一样，涓滴理论同样难以实质性地告诉我们服装的意义是如何产生、传播并最终消散的。但这毕竟是时尚进程的核心所在。

毫无疑问，有些为社会学事业辩护的人会说，涓滴理论不必关注内容问题；根据这门学科的基本宗旨，只要描绘出时尚进程所包含的结构并理解时尚进程表现的抽象形式就已足够了。事实上，某种形式和内容上的差异区分了齐美尔的和后来维泽（Wiese, 1927）的社会学主要流派。[1]这可能是齐美尔偏爱时尚进程的涓滴形式的原因，尽管为了承认他的天赋，我们必须指出他从来不是在智性上受限于任何学科教条的人，无论这一教条源自别人还是自己。

社会学的这种元理论立场在逻辑上是完全站得住脚的。每一门学科都声称要做一些事情，而不是其他事情，寄希望于它会钻研其既定边界之外的领域是毫无意义的。不过，无论是通过社会学、其他学科还是一些综合学科，服装和时尚的意义问题对于理解时尚进程来说都至关重要，因此需要以某种方式加以解决。从人文主义研究的优势来看，仅仅因为它尚不符合某些既定学科的公认边界就放弃它，这同样是不可取的。

最后，值得注意的是，对于一个在概念上与社会学的结构－功能研究

---

[1] 例如，在某种意义上，社会"形式"的上下级关系包括雇主－雇员、军官－士兵、主人－奴隶、教师－学生、父母－子女等关系的"内容"。就时尚而言，根据"形式社会学"的规定，像竞争－合作、个体化－从属性以及联合－隔离等辩证的过程形式，都应是齐美尔分析方案的核心。虽然以上内容在1904年那篇具有里程碑意义的文章里有所提及，但就像齐美尔的许多社会学著作一样，他（在我看来是明智的）避免了过于刻板和平实地使用它们。

方法如此一致的理论（时尚被认为是为了维持社会的阶级区分体系而发挥作用），涓滴理论几乎完全不关注引导了，或至少调解了时尚进程的制度、组织和市场结构的复杂性。例如，没有人会否认"流行季"的社会结构，设计师和时尚中心（巴黎、米兰、伦敦、纽约）之间的竞争，美国大型百货公司在秋季和春季发布会上的时尚选择，时尚媒体，营销策略等诸如此类的因素与时尚"问世"之间的重要关联。然而，这些明显的结构性影响几乎从未反映在涓滴理论的表述或通常意义上的时尚社会学写作中。鉴于此，它们仅仅被视作某种"黑匣子"，其无形的运作不过是为了维持和再现社会的阶级体系。[1] 尽管我和布鲁默（1968a）一样都坚定地认为，人们不断变化的主观愿望和不满，与时尚潮流的转变有着密不可分的关联——顺便说一句，这种观点既不为涓滴理论所赞同，也不受"经济阴谋"理论家的青睐——但这并不一定意味着要忽视时尚产业的制度机构在时尚进程中所起的作用。因为时尚产业总体上必然深刻地牵涉对（滋养了时尚的）集体情绪和张力关系的理解、定义、传播和消解。无论人们倾向于哪种时尚社会学理论，似乎都需要对时尚行业有比现在更好的理解，才能更广泛地理解时尚在现代人生活中的地位。否则，一方面是时尚媒体令人窒息的陈词滥调，另一方面则是社会评论家们轻率的且常常是势利的或充其量只是居高临下的概括，他们将时尚贬低为微不足道的文化败坏之物。这两种论调很可能将继续主导这一领域的讨论，正如它们已经主导了如此之久一样。[2]

布鲁默的集体选择理论

鉴于涓滴理论的不足，还有什么可以替代的社会学方案呢？或许，

---

[1] 在布尔迪厄和德尔索特（Bourdieu and Delsaut, 1975）的一篇著名作品中，他们确实研究了巴黎顶级设计师之间的竞争与合作机制。然而，他们的目的并非要说明时尚进程本身，而是要表明这种竞争与合作如何最终形成了法国上流资产阶级的独特品味偏好。

[2] 令人惊讶的是，尽管人们随时都能找到数百篇关于时尚的学术文章和著作，但却几乎找不到诸如民族志或其他种类的关于时尚公司、时尚出版物、商店采购员或时装零售机构的近距离研究。科瓦茨（Kovats, 1987）提供了一些值得注意的例外情况，她发表了自己在巴黎时装公司实地调查的一些材料，而佩雷茨（Peretz, 1989）则公布了巴黎零售机构的时装销售情况。

对于时尚进程的概念化而言，仅剩的另一种清晰、合理、全面的尝试源自已故的赫伯特·布鲁默（1969a），这种方法被其称为"集体选择"。布鲁默的构想在很大程度上是专门为了反驳"涓滴效应"或阶级区分理论而设计的，并吸收了社会学中一个不太明确的学科分支"集体行为"的许多关键思想，他的构想否认了等级制阶级关系对时尚进程的推动，相反，时尚的作用主要是象征性地认可这些关系。并不是说时尚不能或永远不会起到阶级分化的作用，但这充其量只是众多目的中的一个，而且在整个时尚大环境下，它的重要性显然是次要的。正如布鲁默（1969a：281）所述：

> 精英阶层尽量让自己在外表上看起来与众不同，这种努力发生于时尚运动内部，而不是它的起因。精英群体的声望本身并不能设定时尚运动的方向，只有人们认为声望在某种程度上表征和描绘了这场运动时，它才开始真正发挥作用。其他阶层的人之所以会有意识地跟风，是因为这是一种时尚，而并非由于精英群体的独立声望。这种时尚的消亡并不是因为它被精英群体摒弃了，而是因为它让位于了一种更符合发展品味的新模式。**时尚机制的出现并不是为了响应阶级区分和阶级效仿的需要，而是为了满足人们对时尚的渴望，为了了解有声望的事物，为了表达在不断变化的世界中出现的新品味**［着重标记为布鲁默所加］。

因此，布鲁默不再从功能性解释的角度（即基于某种阶级分化的社会前提）去寻找时尚的根源，而是将分析的重点转移到更重要也更难以捉摸的集体情绪、品味和选择状态上。他在《国际社会科学百科全书》（*International Encyclopedia of the Social Sciences*）中就这一主题撰写的条目可能是对这种影响最为清晰的陈述：

> 品味本身就是经验的产物；它们通常从最初的模糊状态发展到精致和稳定的状态，但一旦形成就可能遭致衰退和解体。它们是

在社会互动的背景下形成的,是对他人给予的界定及认同的回应。被置于共同互动领域的人们一旦拥有相似的经验,就会形成共同的品味。时尚的进程包括在既定时尚领域内形成和表达的集体品味。最初,这种品味是一种由含混的倾向和不满所构成的松散混合体,并由来自时尚领域和大环境的全新体验所引发。在这种初始状态下,集体品味是杂乱无章、难以表述且模糊不清的,同时静候着特定的发展方向。时尚创新者则通过款式设计勾勒出可能的路线,沿着这些路线,初期的品味得以获取客观的表达并采取明确的形式。集体品味在接踵而至的选择、设定限制和提供指导的过程中充当了一股积极的力量;但与此同时,通过对特定社会形式的依附和体现,它也经历了细化和组织。集体品味的起源、形成和发展构成了时尚界的一个巨大问题域。(Blumer,1968)

在对时尚进程的分析中,布鲁默(1969a)还提出了一些额外的要点。首先,他认为时尚是一种普遍的进程,它渗透到社会生活的方方面面,而不只是学术工作和流行关注通常所限定的领域,即服装(尤其是女装)。某个领域对时尚影响的敏感性与其"竞争模式"受到公开、客观和决定性考验的程度成反比。"正因为如此,时尚无法在那些可以提出可证明的证据的实用、技术或科学领域扎根。"(Blumer,1969a:286)不过,我确信布鲁默本人也会同意的是,即使在科学和技术领域,构成"可证明的证据"的东西也并非总是像人们所希望的那样清晰无误;这或许有助于解释这样一个事实,即经常可以听到科学家、工程师,当然还有社会科学家在各自的领域谈论"时尚"。事实上,他早年为《国际社会科学百科全书》撰写的"时尚"条目也表达了同样的观点(Blumer,1968)。

其次,时尚既与现代性密切相关又与"现代气质"彼此交织,同时还伴随着对新经验的不安与开放,以及对新事物的迷恋,即一种"与时俱进"的广义文化倾向。因此,无论当代社会的社会阶级关系如何,无论是变得更加平等还是等级森严,时尚都是一个不断扩展的领域。"随着生活的各个领域逐渐陷入运动的旋涡,随着希冀的创新在其中不断增加,时尚本质上的集体选择过程自然且不可避免地发挥了作用。"(Blumer,1969a:289)

最后,尽管布鲁默对"结构－功能主义"持强烈的批评态度,但他从未将因果关系归结于时尚的"功能",不过他确实认为时尚进程实现了许多有益的社会目的,他将其称为"社会角色"。第一,它"在潜在的混沌状态和变动的当下引入秩序",通过缩小集体选择范围并在竞争模型中展开筛选,以减少巴别塔效应(Blumer,1969a:290)。[1] 第二,它"有助于在流动的世界中摆脱过去的束缚"(Blumer,1969a:290),当下的这个世界要求人们自由地朝着新方向前进。"第三,时尚是为不久的将来所做的有序的准备。它一方面允许新模式的出现,另一方面又迫使其经受竞争和集体选择的严峻考验,时尚机制以此提供了一种持续调整以适应即将到来之物的方式。"(Blumer,1969a:291)[2]

我认为可以肯定的是,尽管研究时尚的学者可能在诸多细节上存在差异,但他们将会发现布鲁默对时尚过程的分析比涓滴理论或大多数现存理论更为平衡、全面和恰当。正如布鲁默所写的那样(参见Blumer,1969b),人们意识到他对"集体选择"的演绎更接近于时尚创作和传播的实际情况。它更真实地反映了复杂性、歧义性和不确定性,这些都是新兴的(至少最开始时是不确定的)更大的社会进程的特征,正是这些进程同时破坏和重建了人们所熟悉的社会秩序结构。正如涓滴理论一样,问题仍然存在,尽管这一次更多地是出于疏忽而非使命。在尝试对激活、塑造和引导当今世界时尚进程的诸多影响因素进行逐步分析之前,我将在这里简要提及这些因素。[3]

---

[1] 但如前所述,有人认为随着时尚多元主义和多中心主义的传播,"巴别塔"也由此产生(Wolf,1980)。

[2] 布鲁默在阐述最后一点时的一些想法(顺便说一句,他在20世纪30年代初曾在巴黎亲自研究过时装),可以从一位专业的时装记者在观看巴黎最新时装系列时的偶然观察中获得一些信息。"巴黎是各种风格和态度的万花筒,设计师们正在为新的十年寻找新风貌,但对于主要方向应该是什么几乎没有任何共识。"(Morris,1990c)

[3] 关于布鲁默时尚观更为全面的评论,请参见Davis,1991。

第六章　作为周期与进程的时尚

首先,我想再次指出,与几乎所有的时尚社会学理论家一样,布鲁默对时尚所传达的东西基本漠不关心。为了遵从他将时尚视为普遍进程的深思熟虑的建议,这种漠不关心将延伸到所有事物的时尚:服装、建筑、音乐、居家宠物或任何东西(Davis,1982)。具有象征意义的东西正在被传递给每个人,这种交流是通过互动过程实现的,这个互动过程既能理解意义,也能随着过程的展开而改变意义,这是布鲁默强烈坚持并深有感触的概念立场。人们对这位被称为"符号互动论"社会学流派的创始人的期望并不低。然而,布鲁默从未提出过任何分析服装意义的方法。[1][符号学家(Barthes,1983;Eco,1979;Enninger,1985)、临床心理学家和社会心理学家在一定程度上发现了一种纠正措施,他们利用各式各样的投射测试来研究服装的意义。[2]]与涓滴理论一样,布鲁默仅留下一个进程框架。

其次,集体选择理论还有一个更为普遍的问题,即模糊不清。时尚进程的各个阶段(无论是真实的还是旨在作为分析工具的)并未得到区分和识别。谁是关键角色也始终未能得到清晰显现。尽管可以感觉到他们的存在,但其外观就像是徘徊在概念性黑暗中的人物。他们并非精心设计的剪影因而难以成为研究者得以瞄准的目标。起引导作用的意象是某种大规模的气态骚动,其中集体情绪、品味和选择性的易变元素相互点燃和内爆,从而将变革过程推向某种基本上无法预见的结局。这个比喻用于时尚界恰如其分。[众所周知,布鲁默(1969b:153—182)是一位反实证主义和反经验主义者,他极为偏爱"敏感性概念"的想法,他在时尚方面的许多文章无疑都遵循着这一思路。]不过,作为一个试图在自己的时尚研究中建立这种意象的人,我可以证明,在缺乏更具体因素的情况下,几乎不可能解释时尚的转变。

集体选择理论的起源——19世纪和20世纪之交(Le Bon,1896;

---

1 然而,赫伯特·布鲁默的学生格雷戈里·斯通(Gregory Stone,1962)迈出了关键的第一步,填补了服装符号互动主义分析中的空白。可惜的是,斯通在这一领域的开创性努力几乎未能得到延续。
2 更多对此类研究的探索,参见 Kaiser,1985。

95

Tarde，1903)，以及稍晚一些(Park and Burgess，1921)的集体行为，即社会变革的"大众社会"范式——给人们留下了深刻的印象，但该理论最终在对时尚进程的把握上完全脱离了历史。在当前的集体情绪、不满和渴望的联结中探寻时尚的来源，该理论几乎没有提供任何线索来解释西方社会的服装和时尚何以在过去几个世纪中如此发展。学者们所感知到的时尚与相对固定和持续的阶级、性别以及社会制度编排之间的关联，最终都会以某种不明不白的方式消失不见。因此，对特定时尚周期或周期集群的任何后续分析都显得只是草草了事甚至毫无意义。这并不是说缺失的环节必须要像涓滴效应和马克思主义理论那样被看作决定性的(Fox-Genovese，1978)。但鉴于我们所熟知的西方阶级和性别服装的历史方向，它们之间的联系（尽管有时非常微弱和模糊）在时尚分析的等式中应该占有比集体选择理论更大的权重。

最后，我想简单地重申此前所提出的观点，即集体选择理论（以及涓滴理论）未能充分顾及围绕服装领域进行时尚传播的复杂机制及其显著影响。当然，布鲁默(1969a)的这一观点是正确的，即时尚在社会生活其他领域的流动（一般而言）并没有像它在服装中那么制度化。这种认识本身就对那些将时尚完全简化为其制造和推广者的经济工具的人提出了挑战；因为如果是这样的话，时尚就会毫不掩饰地在厨具、园艺和建筑设计领域蓬勃发展（就像它在服装中那样)，但事实并非如此。尽管将它在服装领域的密集制度化视为理所当然的做法似乎同样是目光短浅的。时尚在此已经找到了它的根基，这可能是其通用特性的一个线索，就像它在社会生活的其他领域存在感薄弱一样。

第七章 时尚进程的各个阶段

> 时尚将自己视为永恒之物,从而牺牲了它的尊严,也牺牲了它的短暂性。
>
> ——阿多诺(T. W. Adorno,1981)

对时尚理论的讨论清楚地表明,我们所设想的(我得补充一句,最合理的)时尚**进程**不能用任何单一的心理动机、人类倾向或社会需求来解释。因为这个进程是通过灵感、模仿和制度化的复杂融合来维持的,所有这些似乎都是必要的,尽管正如我们从时尚史中推断出的那样,它们融合的性质和程度极为不稳定。大体而言,主要的时尚"革命"(如第一次世界大战后裙摆的缩短、第二次世界大战后迪奥的"新风貌"以及20世纪60年代的宽松女装长裤)都表明这一过程相对更多地依赖灵感,而非模仿或制度化。相比之下,作为规则的"平均"时尚周期似乎在制度上更多地受到审美惯例、宣传实践以及商品需求的制约。

因此,在接下来的内容中,尽管我无意主张单一的、超验的或整体的时尚进程理论,但我将指出在这一进程中所产生的某些远非偶然的影响和限制。这可以为一种更全面(即使不够简洁)的时尚进程奠定基础,以描述从创造到完善再到终结的过程中所发生的事情。[1]为了说明这一点，我将引用斯普罗斯（Sproles, 1985）所提出的六阶段方案：发明和引入，时尚领袖，提高社会知名度，社会群体内部及各群体之间达成一致，社会饱和，以及衰落和淘汰。鉴于我认为斯普罗斯第一阶段的发明和引入这两个时期迥然有别，因此我将分别处理它们。此外，由于它们本身乏善可陈，出于讨论的需要，我将把斯普罗斯的最后三个阶段——一致、饱和与衰落——合并为一个阶段（衰落）。也许无须补充的是，在现实中无论是斯普罗斯的阶段论还是我们对其所做的改编，都不会像这里所说的连续阶段那样泾渭分明地得到划分。特别是在衰落之前的漫长时期，人们可能会发现，与清晰的开头和结尾相比，更多的是重叠、倒退和填充。

1. 发明

在时尚进程所涉及的因素中，毫无疑问最能吸引外行和学者的是发明这一行为（或者更常用的说法是创作）。这种魅力通常以困惑的形式表现出来：时装设计师及其创意伙伴（如女帽商、皮货商、发型师、珠宝商、香水商）的"想法出自何处"，而一旦获得了这些想法，又有哪些会大获成功哪些会惨遭淘汰，以及何以如此。除了一些因人体形态差异而产生的对服装设计的固有限制外（Brenninkmeyer, 1963: 100—101），"高定"（即高级定制）时装的创意来源及环境与一般艺术并没有什么不同。[2]以下这些简要的观察，有些并不陌生，但似乎值得记录下来。

---

1 正如本书最后一章所详尽讨论的，接下来的分析主要来自时尚传播研究的主导范式，即从一个创意中心到非常偏远且缺乏创新、问题丛生的时尚消费群体。正如文中所述，完全有可能用另一种范式（我称之为"平民主义"）来看待时尚的传播。
2 在这一点上，受"纯设计"原则的影响，高级定制时装始终存在着一种明显的形式主义元素，它们毫不掩饰地（通常是公然地）忽视舒适度、合身性和便利性等问题，更别说价格和社交适应性问题。对于有这种倾向的设计师来说，服装的价值（即面料的质地、纹理、体积、光泽、颜色、图案等）被认为构成了自身的美学，形体必须服从于此，而非相反。这一倾向可以在19世纪20年代早期俄罗斯构成主义者的服装设计、20世纪60年代库雷热和卡丹的"太空时代"系列时装，以及20世纪80年代麻省理工学院举办的"亲密的建筑，当代服装设计"展览中看到，其中麻省理工学院的展览展示了来自意大利、法国、日本和美国的八位当代世界著名设计师所设计的各种"几乎难以穿上身"的服装。

与西方艺术家一样，设计师（尤其是那些渴望获得国际声誉的设计师）同样会因为"原创""创新""拥有卓越的创作天赋"这样的赞誉而感到自豪。简而言之，他们追求声望，以期在时尚史上留下自己独特的印记。因此，从一开始——假定存在一个可以获得声誉和回报的国际时尚舞台——就存在着一个强烈的制度化动机，即对"原创性"的不断追求，以启动时尚进程的任何特定周期。[1] 在某种程度上，服装市场和时尚界的关键部分（特别是时尚媒体）维持并强化了设计师对原创的追求。他们出于自身的一系列相互关联的动机（利润、职业声望、对自身敏锐的批判能力的自豪感等），再加上与现代人的秉性相符，而不断地在尚未成名的天才设计师身上寻找原创的、差异化的、创新的东西，这些天才设计师对传统的打破将点燃时尚界的火焰。由此造成的失败或其征兆总是令人沮丧的，正如一位作家在《纽约时报》时尚版面的短评中所证明的那样：

> 一小时后（在从伦敦飞往巴黎的航班上），飞机剧烈摇晃；一名空乘人员说，飞机在穿越电闪雷鸣的暴风雨以降落到戴高乐机场时被闪电击中。不幸的是，那一刻比这里展出的大多数时尚系列都更具爆炸性。
>
> 为了明年春季而展出的巴黎时装秀女人味十足，充斥着安静的浪漫。但实则没什么新的东西出现……缺乏创新的问题也出现在了克里斯汀·拉克鲁瓦（Christian Lacroix，当时巴黎时装界新秀）展示的极富魅力的酒会礼服和晚礼服系列中，设计师自己也率先承认了这一点。在谈及自己迈入成衣领域时，他表示，"这不是为了新创意，而是为了魅力和销售"。(Gross, 1987b)

正如人们所想的那样，相较于时尚媒体，服装市场对设计师创新冲

---

[1] 然而，抑制高定时装创意的一个重要因素是设计师向公众展示其产品的频率。正如莫里斯（Morris, 1989a）和设计师们自己所观察到的那样，"由于每六个月就会有新的时尚展示（高定时装每三个月展示一次），设计师们几乎没有时间去开发新的创意。他们不是在寻找20世纪90年代的新时尚，而是在改写过去。"

动的限制更大。尽管记者、评论家甚至时尚领袖（见下文）可能都会为新颖而大胆的东西欢呼喝彩，但一种持续的危险（本身就是时尚进程中的一个关键因素）是过于尖锐和激进地打破已经流行的东西，最终可能会在市场上以惨败告终。正如在其他地方也指出过的，这种情况经常发生，最近的戏剧性表现是20世纪70年代中期的"迷笛裙"溃败。[1]基德韦尔对此所做的总结是极为恰当的：

> 当前时尚所开创的先例也影响着人们做出的选择。新一季的时尚很少会与过去的截然不同。普通消费者一般不太接受与其正在穿的完全不同的款式。他们更愿意逐渐适应新的特色。**设计师、制造商和销售商都意识到了这一趋势。他们的选择受其对目标客户可能有多大胆或多保守的看法的影响**［着重标记为我所加］。
> （Kidwell, 1989: 141）

在这一点上，我们得以发现一些额外的影响，这些影响在情境上区分了（但几乎不会削弱）时装界与其他艺术界的创造力。市场（即感兴趣的公众想要购买什么以及想付多少钱）与绘画（参见Moulin, 1987）、诗歌、摇滚乐和芭蕾等各种艺术活动产生的作品有很大关联——实际上**所有**的艺术都是如此——但服装市场的巨大规模和需求的稳定性（当然还有服装制造和分销方面的大量固定资本投资），一旦结合起来就会比其他艺术领域更能抑制高级定制服装领域不受限制的艺术感，如果你对此还存有任何怀疑，那就未免太天真了（毕竟，我们几乎始终都穿着衣服，但很少有人会定期朗诵诗歌或在家里布置当代艺术作品）。

庞大的经济诉求也大大削弱了服装评论家的角色（几乎到了快要消失的地步）。一位著名的戏剧评论家或艺术评论家可以成就抑或破坏一

---

[1] 接受采访的几位洛杉矶设计师和时尚作家告诉我，美国最具影响力的时尚媒体《女装日报》(*Women's Wear Daily*)的发行人约翰·费尔柴尔德将自己的全部精力都投入到了迷笛裙上，他试图拒绝在自己的出版物上刊登任何关于竞品风格的宣传广告，从而迫使该行业中的许多人（设计师、制造商和销售商）效仿他的做法。尽管如此，这种风格仍很快被证明是令人沮丧的惨败。对此展开的进一步研究，参见Luther, 1990。

100

场戏剧或画廊展览，但一位研究服装时尚的作家却没有这样的权力。在某种程度上，一些时尚媒体渴望拥有这样的影响力，但出版商、广告商和读者（以及现在的有线电视观众）的期望通常会共同将媒体的"批评"淡化为报告文学，或者退而求其次，变成一些设计师、服装生产线或百货公司连锁店的促销宣传文案。

我采访过的南加州时尚作家和编辑也这么说。正如他们中的一位所表示的："我们所做的主要是报道商店里有什么，但商店里的东西几乎已经处于周期的末端。"还有一些人会说，他们自己的品味往往与自己被要求报道的时尚大相径庭，但时尚新闻业的市场调节性规范会阻止其发表批评意见。从我对时尚界人士职业生涯的大致了解来看，很少有人受过与评论家角色相关的训练并具备相应的背景知识。例如，在我的四名受访者中，没有人接受过任何设计、艺术或艺术史方面的正规教育。他们都是从其他的报道任务转行到时尚写作的。总之，我们在其他艺术中所熟知的"批评家"和"批评"概念，在应用于服装时尚时似乎离奇地错位了。

这一切的关键并不在于时尚评论家本身的稀缺性，而是意识到评论家和挑剔的观众在其他艺术领域的存在既是对创作活动的一种抑制，也是一种激励。至少，通常是他们提供了理解和评价"新作品"的语句词条和认知框架。这意味着除了来自差异化大众市场的混乱回应，作为艺术家的设计师几乎没有任何线索来引导自身的创作努力[1]；审美标准也不太确定，一种失范的状况很容易在这一行业盛行。换言之，无论赞成还是反对批评家对艺术创作活动的影响，他们的存在都为艺术家创造了一个与其缺席时截然不同的创作环境，这一点是显而易见的。

回到此前一直纠缠不休的问题，即设计师"从哪里获取创意"，对此，老生常谈但又正确无误的回答（我每次提问都会听到这个回答）是

---

[1] 对此，罗森布拉姆（Rosenblum, 1978: 346）提出了一个有趣的论点，在"近端的组织占主导地位"的创意领域，即市场对产品的生产和分配有更为鲜明而直接的影响（时尚显然如此）的领域，人们见证"复杂多样的（审美）意象"发展的可能性要比在"远端的制度占主导地位"的领域要小，比如，艺术摄影或严肃的音乐创作就属于后者。

"随时随地"。我敢说，这个答案是在暗示有天赋的设计师，他们就像世界各地的艺术家一样不断思考下一步想做什么，"几乎世间万物"都可以成为灵感的来源或富有创意的想法的试金石。以下是关于日本著名设计师三宅一生（Issey Miyake）的一篇简介，从中可以看出这位设计师头脑中自由流淌的冲动：

> 三宅一生与其亲密伙伴皆川魔鬼子（Makiko Minagawa）合作，从他所谓"宽泛的，不一定十分具体的形象"中创作出了其织物作品，即"一些日常之物：树叶、树木、树皮、天空、空气。世间万物。甚至是一根面条"。皆川魔鬼子说，这不仅仅关乎"那天的天空是何种颜色，而且还涉及他喜欢哪种舞蹈或建筑类型"。（Cocks,1985）

同样，据报道意大利著名设计师乔治·阿玛尼（Morris, 1990b）将其1990年秋冬系列的灵感追溯到"蒙古和中国山区等多重源头"。（他表示其慵懒的日常造型是受到20世纪30年代早期古巴知识分子照片的启发。）

时装设计师固然一直以参考服装史观念以及毫不羞耻地"借用"自己或他人的早期作品而闻名。但从无数的传记和自述来看（Batterberry and Batterberry, 1977; Dior, 1957; Lynam, 1972），认为一句"窃取过去"就能囊括所有情况，这实在错得离谱。相反，传记文学以及记者和学者的时尚作品（参见 Blumer, 1969a; Boodro, 1990）经常强调伟大的服装设计师对艺术的新发展的认识和接受能力，这尤为突出地体现在以视觉为导向的绘画、雕塑、建筑和舞蹈领域。[1] 也许，他们只是在无形中附和了常用于阐释时尚的有待商榷的理论，并倾向于这样一种观点：美术领域的趋势预示着一种新兴的时代精神。他们相信，只要高定时装能呼应这种趋势，其设计就将在赢取时尚达人的青睐以及最终赢得广大公众的青睐

---

[1] 众所周知，艺术家们自己也会在服装设计领域走弯路。类似的重要人物包括俄裔法籍画家索尼娅·德劳内（Sonia Delaunay, 1884—1979）、俄罗斯构成主义艺术家娜塔莉娅·冈察洛娃（Nathalie Gontcharova, 1881—1962）、柳博芙·波波娃（Lyubov Popova, 1889—1924），以及包豪斯雕塑家奥斯卡·施莱默（Oskar Schlemmer, 1888—1943）。

上抢先一步。意大利设计师詹尼·范思哲（Gianni Versace）的评论极为典型：

> 我对过去不感兴趣，除非将其作为通往未来的道路……我从来不怀旧。我想了解我的时代；我想成为我的时代的设计师。我喜欢现在的音乐、艺术和电影。我希望我的衣服能表达这一切。（Morris，1990d）

"时尚预测师"（稍后会提到）对时尚灵感的看法似乎大致相同。法国时尚预测和造型公司"Promostyl"的一位主管曾这样描述：

> 你必须融入时尚都市的地下空间——一切都是文化，一切都是时尚。当你看到在纽约、巴黎和其他地方都备受好评的某个艺术展览时，你必须对自己说："嘿，为什么这个展览很重要？"（Green，1985）

除了范思哲和"Promostyl"把目光放在现在和不久的将来之外，正如时尚评论员持续注意到的那样，相当一部分时尚创新的灵感都来自怀旧。那些在时间的长河中留下深刻印记，而且能唤起美好集体回忆的时代，似乎特别容易引发怀旧的回忆和复兴（参见Davis，1979）。我认为，这也是20世纪20年代和60年代的时尚经常被重新唤起、重新诠释的原因。然而，如果仅仅是出于人们对它们的认知，那么无论设计师如何努力精确地再现那个时期的细节，都不可能在体验上复制原作。[1]最终，也许正是在原作及对其所做的复兴的主观不协调中，亦即在由此产生的时间扭曲感中，我们才能在记忆的风格中找到独特的时尚元素。

---

[1] 然而，更常见的情况是，设计师意识到"当时"无法变成"现在"，于是对原作的风格特征进行了任意调整。在报道伦敦时装季对20世纪60年代的复兴时，莫里斯写道："在他们目前对20世纪60年代精神的再现中，最成功的设计师软化了当时服装的尖锐棱角，削弱了其咄咄逼人的冲击性。如果你仔细聆听，你可以捕捉到抗议活动的回声，但上周在此展示的春季系列中的许多服装都是温和而轻松的。剩下的只是很短的裙摆。"（Morris，1990e）

但无论设计师的想法来自何处,重要的都是认识到这些想法存在于设计师的草图中、存在于其设计的服装中、存在于街边展示的时装模特中、存在于媒体的首次报道和照片中——所有这些都是在最新时尚的视觉和心理背景下发生的,这种最新时尚本质上仍占主导地位,即使它正在逐渐被淘汰。因此,新时尚与既有时尚不可避免地处于一种辩证关系中。事实上,它的方向性和独特性很大程度上来自它融入当前时尚价值观和情绪的方式;例如,它是仅仅选择与之形成对照、将其推翻,还是从根本上扩展它们。抑或正如一位深思熟虑的时尚专栏作家所指出的:

> 时尚存在于过去与未来、熟悉与未知的张力关系之中。(Btubach, 1986)

可以这样说,就像一般艺术一样,主流模式对时尚的未来也起到了约束作用。并非"几乎世间万物"皆有可能。无论什么构想都必须以某种有意义的方式解决既有的问题。尽管貌似这一点显而易见但仍需加以强调,以平息人们熟知的批评以及盛行的观点,即时尚只是为了变化而变化;以及只要公众做好了改变的准备,任何改变都会像其他改变一样好(Wolf, 1980)。裙摆长度持续变动的问题为此提供了新的例证:

> 裙摆也同样处于不稳定的状态。因为在流行了几年长至大腿中部的裙摆之后(持后女性主义主张的女性并不一定会接受这种裙摆),设计师们隐约有种不安感,这预示着变革即将到来。
>
> 高定设计师选择这种不规则裙摆(前短后长)的原因很简单:它们在短裙摆和长裙摆之间架起了一座桥梁。它们还有助于让人们的眼光适应时尚潮流。(Morris, 1991)

在稍后讨论高定时装时,我将对时尚方向可能和不可能发生的变化展开更多的讨论。现在可能只需要指出,人们很容易联想到的一些变化

［例如，鲁迪·简莱什的未来主义着装；保罗·波烈（Paul Poiret）在第一次世界大战前的"灯罩"装；铺天盖地的19世纪街头长袍］显然与当前的做法和情绪相距甚远，不可能轻易被时尚所接纳。

与成功设计师的创造力密切相关并经常被提及的问题是，他或她是否特别善于感知"女性想要什么"，如果是，那么这种能力又包含什么内容。有才华的设计师是否拥有某种"第六感"以挖掘女性的"集体无意识"或"集体半意识"（collective semiconscious）？他们能否以某种方式洞见女性早期的渴望，从而将新的象征性设计融入衣着中，以缓和甚至尝试解决心理上的紧张感？[1] 以下这段话摘自香奈儿小传（Ashley，1972：117），其内容涉及过去和现在的众多著名时装设计师的特点：

> 她（香奈儿）现在（在第一次世界大战期间）无疑创造了她的首个天才之作（经典的香奈儿夹克）：这是一种能在女性意识到自己想要什么之前就瞬间有所感知的天赋。这也是一种感知和满足企业需求的能力。

霍兰德（Hollander，1980：351）提出了一个思路与之相同但更为理性全面的观点：

> 人们一直认为，设计师可以对容易上当的公众发号施令。但许多身价高昂而自命不凡的设计师会在事业登峰造极时惨遭失败，而成功的设计师在试图捕捉和引导哪怕是小众品味时，也会始终冒着失败的风险。真正的设计师有一种本能，能够敏锐地将人们模糊而

---

[1] 有趣的是，在时尚写作中，这一引人入胜又极为关键的问题几乎始终以女性为对象而很少针对男性。当然，这在一定程度上反映了18世纪后女装时尚的历史优先地位。不过，它也在更深层次上呼应了传统文化中女性的刻板印象，即"神秘的性别"，她们的情绪和欲望违背了理性的表述，因此需要艺术家的神秘才能加以正确理解。

无意识的渴望可视化。

在时尚界"为了变化而变化"这一颇受质疑的理论尚未得到认可的情况下,似乎完全有理由假定时装设计师(当然也包括艺术家)及其公众之间存在着微妙的非言语交流,尽管这一点很难得到证明。更为棘手的任务是明确这种交流包括什么内容。在本书中,我极为强调文化编码的身份矛盾在推动时尚不断变化的象征性尝试方面的核心作用。毫无疑问,其他象征性配置也发挥了作用,正如我们经常注意到的经济和政治状况对服装时尚的显著影响(Lowe and Lowe, 1985),例如,在1929年经济大萧条之后,裙摆的加长似乎标志着20世纪20年代轻佻的爵士时代的终结;第二次世界大战期间,出现了为女性设计的男性风军装夹克;紧随人造卫星和20世纪60年代早期的其他太空探索之后的是卡丹、库雷热和简莱什的"太空时代"风格;20世纪60年代末的"反时尚"潮流(牛仔裤、民族服饰、装饰性服装等)似乎是在庆祝那个时代的抗议姿态。无论社交圈的差异有多大,设计师和公众毕竟生活在同一个世界,经历着大致相同的历史时期。因此,共同关注的问题和普遍存在的条件很可能(尽管是间接的)在他们之间无声地交换着象征性姿态,也就不足为奇了。

尽管如此,如果像时代精神理论家那样将时尚的整体归结于此,即镜像般的"时代的反映",那就大错特错了。正如我此前指出的那样,不仅大多数时代精神理论都存在"倒果为因的谬误",而且人们往往很难在一个时代的重大政治和经济发展与其时尚之间找到任何象征性的联系。大屠杀、19世纪帝国主义的衰落以及当下的艾滋病和东欧剧变,这些都是如何反映在时尚中的?这并不是说这种或甚至更小规模的事件未能对设计师的创作产生任何影响——正如我在第五章所主张的那样,艾滋病肯定是产生了影响的——只是这些象征性的影响要比任何简单的、镜像式的时代精神论调试图让人相信的要复杂迂回得多。[1]

---

[1] 迈耶·夏皮罗(Meyer Schapiro, 1978: 185—232)在他对20世纪抽象艺术的调查中,针对"艺术反映时代精神"提出了很多有力的反驳观点。

2. 引入

到目前为止，我主要谈论了相互交织的各种条件，以及制衣师和设计师的处境对新时尚的**创作**——斯普罗斯（1985）称之为"发明"——的影响。然而，任何对时尚的认真分析都要求学生关注影响斯普罗斯所认为的第一阶段，即时尚的引入的不可分割的、同等部分的条件和情况。尽管探讨是否应以这种方式将发明和引入混为一谈的学术议题并没有太大意义，但显然并非所有的"创作"都能在春季和秋季"引入"新时尚的秀场上得到展现。事实上，能在时装模特T台走秀中幸存下来的就更少了。

可以肯定的是，这种区分有些武断，因为设计师决定创作什么——正如贝克尔（1982）就一般艺术创作所论述的那样——必然会受到他或她对影响艺术作品公开展示的条件的先验知识的极大影响：是否有场地可供展示；它与目前正在展示的其他新艺术作品有何关系；可以合理预期的价格是多少；等等。尽管如此，其中涉及的心理过程——创意的产生和提炼，影响其公开展示因素的鉴赏和掌控——似乎有足够的差异证实发明和引入其实充当了时尚进程的不同阶段。[1]

在几乎所有层面的各种条件中，影响新时尚公开引入的首要条件是布鲁默（1969a）所强调，同时巴黎、米兰和其他时尚中心的媒体报道每天都会提及的事实：这一场合的特点是设计师之间的激烈竞争。竞争在一定程度上延伸到了主要的公司买家，他们相互竞争以"挑选赢家"，也就是说，一种能够引领潮流并为其商店带来高额利润的时尚。[2]

---

[1] 事实上，几个世纪以来，著名的艺术家们表现出的才能大相径庭。例如，我们可以将19世纪耳熟能详的钢琴演奏家肖邦和李斯特做一个比较。前者是最高级别的创作天才，但在打动听众方面却远不如李斯特，而后者的作品在音乐上却逊色得多。

[2] 早些时候甚至现在仍然存在的事实是，尽管程度大大降低，但争先恐后地接纳流行时尚的竞争主要还是局限于社会名流以及戏剧、舞蹈、流行音乐等方面的人士。直到20世纪，后者在欧洲主要国家的首都经常与放荡不羁的暗娼阶层混在一起，正如齐美尔（1904）所指出的，由于其在阶级结构中的边缘地位，这一阶层可以在引入新时尚方面发挥战略性作用。也就是说，他们既没有重要到足以证明对上层阶级的威胁，也并没有次要到被视而不见或置之不理的地步。

鉴于不同设计师在巴黎及多地的秋季和春季时装秀上展示的新时装经常呈现出惊人的千篇一律,这一主张似乎有些不合时宜。一些人将这种明显的相似性归因于瑞士和意大利主要面料制造商的季前样品展示,他们出于自己的原因而在流行季交替时选择特定的面料设计(Hochswender, 1988a)。据说,这引导了时装设计师走向某些特定主题,从而导致了他们所展示的时装系列的惊人相似。但与我交谈过的一位女装制造商说,恰恰相反,是巴黎和米兰的顶级时装设计师向面料商"建议"他们在接下来的流行季中感兴趣的纺织品和面料设计。无论是哪种情况,如果认为面料的相似性将导致设计的相似性,那就大错特错了。当然,不同的设计师对同一种面料的设计方式也不尽相同。

然而,即使在看似十分相似的设计中,它们在美学和商业吸引力上也往往存在着微妙而意味深长的差异。这种相似在某种程度上来说既真实又明显,而且确实有过这样的流行季,这或许可以追溯到这样一个事实:当季时装在年度展示会上亮相时,它们已经经历了广泛的筛选过程,这一过程的影响通常是在设计师中产生更多而非更少的共识。业内关于"其他人"在做什么的八卦,去年时装展中暗示的"新方向"(当时似乎时机还不成熟或出于其他原因而未能"起飞"),重要买家通常不经意间流露的观察和采购意见,以及越来越多的人对自发的街头时尚(尤其是大城市年轻人的街头时尚)的共同关注,所有这些(与其他各种影响因素的不确定性组合)都导致了,在一种新时尚尚未被确立之前就早早为其确定了方向。此外,某些设计公司、服装制造商和主要的商品销售商越来越多地聘用所谓时尚预测师——只有巴黎和纽约的几家公司垄断了这一业务(Bogart, 1989; Cone and Scheer, 1990)——人们可以理解的是,在时装推出季节性产品时,许多因素促成了相当大的(尽管还远未达到全部)设计共识。因此,虽然表面上独立和敌对的设计师在新作品中似乎注入了一种令人怀疑的共识,但这种共识正是通过竞争过程取得的。在这个过程中,更多的做法被中止而非完成,更多的想法遭抛弃而非保留。

但即使在时尚周期的早期,共识也可能十分脆弱。新的创作在它真正成为一种时尚之前，不仅要在周期的最后阶段存活下来，而且在其公开推出的那一刻几乎总会招致一些异议和反对意见。就像谚语中的黑马一样，其中一种时尚最终可能会脱颖而出并赢得公众的认可。抑或竞争可能会陷入混乱，以至于无法产生明确的赢家，这样"老派"时尚就有可能再延续一季。《纽约时报》关于1986年秋季巴黎时装秀的一篇报道生动地描绘了竞争的力量和相反的趋势：

> 最终在巴黎时装秀之后，人们脑海中浮现的是颜色艳丽、系着紧腰带、露肩且有着短褶边的蓬松连衣裙。当然还有其他服装，尤其是华伦天奴（Valentino）耐穿的通勤风格以及卡尔·拉格费尔德为自己公司设计的别致优雅的着装。
>
> 但最主流的印象是狂妄的轻佻，以年轻人的褶边短裙为代表。
>
> 与此同时，一种反潮流正在让-保罗·高缇耶和帕特里克·凯利（Patrick Kelly）等前卫设计师的手中发展。他们用有弹性的泳装面料制作紧身衣，这种面料完全不为人们保留任何想象空间。考察是康康舞（大腿舞）风格还是紧身造型会在最狂热的时尚追随者中占上风，这将是一件饶有趣味的事。（Morris, 1986）

时尚界早期阶段的这种设计混乱很大程度上源于布尔迪厄和德尔索特（Bourdieu and Delsaut, 1975）所说的"保守策略"（strategies of conservation）与"颠覆策略"（strategies of subrersion）的重叠。我们可以很容易推断出，前者通常受到更为年长而成熟的设计师青睐，他们急于扩展和建构自己最初获得成功的标志性设计。后者是年轻"新秀"设计师的典型策略，他们利用时尚行家的潜在欲望，即被盛气凌人又出人意料的设计所震惊——根据凡勃伦的观点，昆廷·贝尔（Quentin Bell, 1947）将其称为"炫耀性愤怒"（conspicuous outrage）——试着在由知名品牌的"明星"设计师主导的领域里闯出一条路来。当然，有才华的"颠覆者"会得到商业利益的资助，并在几年内跻身知名人士之列，这种情况并不少见。

总的来说，与现代艺术领域一样，时尚界也在努力培养反周期的冲动（参见第八章）。许多历史上著名的时装设计师［如香奈儿、维奥内特（Vionnet）和麦卡德尔（McCardell）等人］都是以标榜其所处时代的既定服装惯例而成名的（Morris，1987a）。不过，正是因为这种做法是反周期的，所以它至少在商业上更多的是被压制而非被实现。这就解释了为什么尽管他们一再强调原创性并显得对主流趋势漠不关心，但大多数设计师最终还是倾向于随波逐流，而非朝着未知的方向前进。

曾经一度只属于高级定制时装领域的东西（即设计工作室及其众多相关艺术、工艺和技术）无疑也深刻地影响着我所提及的许多相互关联和重叠的时尚发明与引入现象。尽管时尚诞生的背后可能有很多新鲜的想法，但它是一套高度复杂的工艺和技术的结合——从面料选择到扣眼缝制，再到模特的工作和剧场的管理（仅举几例）——负责把这些想法呈现给感兴趣的公众。工艺、技术和才能如何协调和整合，自然会对一种新时尚的引入及其所受的青睐产生很大影响。这些任务最终落到了时装公司的管理层身上，而并非设计师本身，尽管后者可能会像通常一样选择密切参与这一过程。就像烹饪一样，厨师的烹饪天赋很难保证餐厅的成功，时尚也是如此：要想成功，甚至是让自己的名字出现在公众面前，需要的不仅仅是出色的设计或创意。在参观洛杉矶和纽约的时装店时，我经常被告知，有才华的设计师由于成品服装的做工太差、交货延迟、账单处理草率等原因，而以失败告终。类似的报道是时尚媒体的常见内容（Hochswender，1988d），并随着时间的推移而成为时尚部落充满神秘感的警示故事。

高级定制

关于高级定制制度本身——它在19世纪的起源和组织演变；它与客户群体、大众市场和社会秩序的关系变化；它在品味和艺术体系中的地位变化；它在西方服饰传播的过程中所扮演的角色——卷帙浩繁的历史和社会学分析都是极为必要的，如果想要更好地理解一种表面上看起来如此短暂且反复无常的现象是如何支配了它所拥有的庞大的艺术、财务、市场和组织资源的,尽管它在社会学意义上已发生了极大的改变,但它实际上仍然支配着这些资源。[1]为了不轻视这种考察的重要性(参见Brenninkmeyer,1963;Steele,1988),我在此只能评论高级定制时装在新时尚推出时扮演的角色,或者具体到关于一种新时尚是"一炮而红"还是惨淡收场的问题。

学者们(Anspach,1967;Batterberry and Batterberry,1977;Brenninkmeyer,1963;Fraser,1981;Hollander,1980;König,1973;Wilson,1985)的显著共识是,尽管高级定制时装可能仍然是时尚灵感的主要来源(而且有理由相信已和过去有所不同),但它对新时尚推出后所产生的影响远不及19世纪后半叶到第二次世界大战之后的那几年。有多重因素导致了这一点;在过去的一个世纪里,时尚的传播和扩散受到了强烈的民主化趋势的影响。时装设计师与他独占的富有的资产阶级女性客户之间曾是一种特权关系,但到第一次世界大战时,这种关系已经普遍化为一种抽象的市场关系,即设计师与更广泛的但仍以资产阶级为主的时尚公众之间的关系。英国出生的巴黎裁缝查尔斯·弗雷德里克·沃斯(1825—1895)被公认为现代高级定制时装之父,他受到了客户的一致好评,这与当今更为成功的设计师的媒体明星地位形成了鲜明对比。[2]

在(19世纪60年代初法兰西第二帝国的)宫廷里,沃斯与他的客户保持着一种刻意的礼貌和距离。沃斯终其一生都未曾被法国上流社会所接纳,这正是出于他自己的选择。与后来的迪奥有所不

---

[1] 虽然"高级定制"(haute couture)一词的直译是"高质量剪裁",但显然我们想到的是它的转喻用法,即那些以巴黎为主的著名时装屋,尽管最近在米兰、伦敦和纽约也越来越多,他们主导着对新时尚的引入。这些时装屋每半年举办一次受世界媒体广泛关注的时装秀,服装行业和时尚人士通常会从中了解时尚的发展方向。领先的巴黎时装公司组成了一个强大的贸易联盟,即高级定制时装协会,它从法国政府获得了极大的经济支持。它也是半年一度的巴黎时装秀的官方主办方,并为法国时装公司的"高级定制时装"设定标准(Brubach,1988)。意大利、美国或英国的时装行业中并没有类似的组织。
[2] 就知名度和声望而言,在美国,服装设计师直到20世纪60年代才崭露头角。莫里斯(1988b)在她为一位著名服装制造商写的讣告中说道:"直到60年代,设计师们都还只是时装公司里的无名小卒,而标签上则是制造商的名字。"

同的是，沃斯从未在平等的基础上与当时的上流社会交往。他始终认为自己是个"商人"，而不是一个被社会认可的艺术家，尽管他在巴黎郊外建造了一座乡间别墅，过着奢华的生活……但这种［来自上流社会的认可］是随着第一次世界大战的社会变革而出现的设计师地位的提升。(Settle, 1972: 54—55)

当然，19世纪末和20世纪初服装制造业的重大技术发展进一步推动了时尚的民主化。由于缝纫和剪裁技术以及材料成本的限制，以前只能在设计师的工作间生产的服装，或者由一些有才华的女裁缝在缝纫机上长时间工作才能制作出的可靠的仿制品，现在都有可能批量生产。与此同时，随着识字率的普及，时尚媒体也出现了惊人的发展，它与大规模生产一起发挥作用，进一步削弱了高级定制时装在时尚市场的主导地位。当然，到了20世纪中期，"成衣"(prêt à porter)已经成为检测时尚活力的领域。到那时，越来越多具有时尚意识的消费者阶层（包括一些收入相当一般的人）都被带入了时尚的轨道。[1]事实上，早在20世纪20年代，女店员就可以（至少在一般人看来）穿得像"贵妇"(grande dame)一样时髦。此外，"山寨货"和服装设计批量生产的速度使得一种新时尚不可能在少数精英群体中流行几周以上，而早些时候它可以在整季甚至数年内都独占鳌头。[2]

一旦时尚意识超越了作为其主要受众的精英阶层的范畴，两种重要的发展就随之而来。时尚服装和时尚消费品的市场得到了极大的扩展。与此同时，设计师们的成功越来越依赖于更广泛的公众，而不是他们以前所寻求的上流社会女性小圈子的认可。这意味着尽管高级定制时装的设计师仍然可以被视为时尚的原创者，但公众品味的变幻莫测和大众消费经济的不确定性，使设计师们无法像以前那样，在很大程度上决定

---

[1] 据说即使是在着装上以傲慢著称的香奈儿，也曾在1963年表示："我对为几百名女性、私人客户设计服装这件事不再感兴趣；我将为成千上万的女性提供服务。"（引自Wilson, 1985: 89）
[2] "山寨货"指的是未经授权而剽窃和复制巴黎和其他高级定制时装设计的制造商生产的产品，他们希望在时尚市场上抢占一席之地。这种做法相当普遍，而且与其他领域的版权保护不同，原创者似乎对此无能为力。

时尚是什么——在那个时代，设计师们可以将个人影响力施加于其独占的客户群体，而且总的来说，那是一个时尚轨道更加狭隘和同质化的时代。正如我在其他方面所指出的那样，20世纪的一些臭名昭著的时尚翻车案例证明了高级定制时装的权威性正在减弱。克里斯汀·拉克鲁瓦的高级定制短裙"pouf"和"bubble"设计在1987年巴黎时装发布会上亮相后受到了时尚媒体和时尚专家的盛赞，但其成衣版的销量却十分糟糕。曾争相销售拉克鲁瓦成衣系列的高档百货商店和高级精品店，很快就开始大幅降价销售他的礼服和其他服装。在这一年里，很多商店都完全放弃了拉克鲁瓦。

然而，时尚的民主化并未摧毁高级定制时装，反而极大地改变了它的文化范围和特征。如今，时尚的影响力链条不再局限于设计师、独家客户和日渐消失的时尚追随者之间的关系。相反，自第二次世界大战以来，在某些方面甚至是更早之前，设计师通过成衣与不具名且抽象定义的时尚公众建立了一种更为复杂的联系，其中的主流群体可能会在面对新时尚时做出唯命是从以外的不同反馈，有时也会根据不同的时间节奏（时快时慢）做出不同的反应。因此，如今的高级定制时装已几乎不再是有抱负的社会阶层的专属象征；相反，它们更像是具有竞争性和美学框架的市场"陈述"。它们的目标是指明方向或引领潮流（Blumer, 1969a; Brubach, 1988），并借助在庞大的全球成衣市场上的成功，为高级定制时装公司以及通过各种授权、特许经营和其他合同安排与之关联的企业联盟和附属公司带去声誉和财富。例如，设计师皮尔·卡丹就将其标志授权给了八百多种产品（Milbank, 1990: 64）。

巨大的成衣市场对高级定制时装设计产生了显著的影响，因此在时装展示和传播方面呈现出了许多令人关注的发展。首先，通过与知名设计师的合作［例如，圣罗兰的"左岸"（Rive Gauche）、阿玛尼的"安普里奥"（Emporio）、川久保玲的"COMME des GARÇONS"以及唐娜·凯伦的"DKNY"］，成衣获得了许多曾经专属于高级定制时装的业内吸引力和声望。如今，许多设计师的成衣价格高达四位数美元，价格让人想起直到最近才开始收取的高级定制费用。（如果要进行销售，高级定制时装的售价可能高达数万美元。）除非它们在当季季末大幅降价（通常都会如此），否则只有极为富有的人才能消费得起。

其次，由于巴黎、纽约和其他地方半年一度的时装秀几乎不再充当设计师与其小众专属客户建立联系的平台，而是旨在最终占领大幅扩张的成衣市场，因此它们越来越像戏剧表演和预先安排好的媒体活动（Cunningham，1988）。精心设计的舞台灯光，特别录制的音乐（我听到的是一首，是对马勒、莫扎特、里尔克的诗歌，摇滚乐队 U2 和保罗·西蒙等的模仿作品）在最先进的剧院音响设备上被大声播放，身材高大的模特被训练着模仿日常生活中最具影响力的表达方式——所有这些，甚至比这更多，现在都是世界上任何一个时尚中心举办的一场（即使是最适度的）时装秀的常规操作。当然，这也大大提高了时装秀的成本——像比尔·布拉斯（Bill Blass）这样的一线设计师需要 20 万美元，像夏洛特·纽维尔（Charlotte Neuville）这样的中流设计师需要 12 万美元（Hochswender，1988e）——年轻的有志之士根本无法筹集到资金来举办这些活动。它还进一步捏造和美化了在舞台上展示的内容与在市场上销售的产品之间的关系，并使之变得华而不实。正如霍克斯温德（Hochswender，1988e）所报道的那样：

> 事实上，根据业内人士的说法，大多数走秀都是赔钱的。大牌设计师一旦确立了自己的品牌，就会无一例外地通过产品授权（比如香水或低价运动服）来发家致富。这些设计师系列以其梦幻般的风格（充当着"亏本销售"的角色）来展示声望价值和潮流方向。这些表演本质上是基于设计师品牌滤镜的梦幻序列。
>
> ……布拉斯先生认为（时装）秀是一场"巨大的诱惑"，但他还是照做了。"它给被授权人留下了深刻的印象"，被授权人指的是与比尔·布拉斯设计的产品签订合同的公司。"尽管时装秀可能已经过时了，但我们没有别的方法可以产生同样的兴奋。"

总的来说，时装秀的表演效果与实际投放的内容之间越发严重的脱节似乎完全证实了布拉斯的冷嘲热讽。霍克斯温德（1989c）在另一份巴黎简报上记载了一个有些怪异的例子。

> 巴黎，10月23日——在上周蒂埃里·穆勒的时装秀上，模特琳达·伊万格丽斯塔（Linda Evangelista）身穿一件镀铬塑料材质的紧身上衣，看起来像快艇仪表盘。她按下腹部的一个按钮，漫不经心地掏出电子打火机，抽了一口烟。
>
> 这种时尚的戏剧演出……仅仅是演出而已。
>
> 今天来到他位于圣奥诺尔郊区展厅的买家们所看到的是一个稍显不同的系列。在与秀场展示相同的蓝色洛可可风格的"迷你秀"上，大约有五十名商人坐在桌旁，面前摆着订单。
>
> 萨克斯第五大道（Saks Fifth Avenue）高级设计师服装的采购员芭芭拉·伦佩里（Barbara Lempery）说："他们把这里所有的西装和畅销服装都摆出来了……有些你可以直接穿着去参加商务会议。"
>
> （在时装秀上）用镀铬装饰的夹克可以在没有镀铬的情况下购买。模特们更娇小，但也没那么迷人。
>
> "我们有很长一段时间都没邀请客户来参加时装秀，"蒂埃里·穆勒董事长迪迪埃·戈巴克（Didier Grumbach）说，"我们失去了太多不理解的客户。蒂埃里制定主题。这些秀则创造了一个概念。"
>
> 时装秀上一件带有舷窗、仪表和镀铬管的白色皮质潜水员夹克已经被拆开简化了（最初的重量超过三十五磅）。
>
> 带打火机的快艇胸衣？它并不在订单上。

最后，虽然明显不那么重要但仍具讽刺意味的情况是：在某种程度上，真正的高级定制时装实际上是由尼曼-马库斯（Niman-Marcus）或萨克斯第五大道等"高档"百货公司保存的，这种做法主要也是为了提升商店的威望，而并非真诚地期望通过出售如此昂贵的服装来获利。我采访的一位深谙时尚的纽约女士告诉我，她曾拜访过纽约几家主要百货公司的设计师服装部门，询问这些商店最近刊登广告的巴黎高级定制时装。接待她的售货员并不知道在哪里可以拿到广告上的商品,他们也很难记住和念出设计师的法语名字。

20世纪以来,时装的受众群体已经大不一样,高级定制时装作为一种设计方式,如果想要生存下去,就必须以多种方式加以调整。它将变得更加多中心化;巴黎虽然仍占主导地位,但它已不再是唯一的焦点。它将变得更为开放并对"外部影响"更加敏感;看看爆发于20世纪60年代的"街头时尚",正如最近的一份报告所表明的那样(Brubach,1991:94),自那以后,这种趋势一直没有彻底减弱[1]:

> 本季,拉格费尔德在街头找到了灵感:纽约人行道上贩卖假香奈儿运动衫的人所穿的B-boy风格;骑自行车的人;俱乐部的年轻人所穿的他们在跳蚤市场上买的20世纪70年代早期的嬉皮士服装。(Brubach,1991:94)

高级定制时装也将变得更加多姿多彩,并为时尚消费者提供一系列服装主题和风格;20世纪60年代似乎标志着那个漫长时代的结束,单一的时尚(无论是裙长、服装、颜色还是廓形)在当时占据了主导地位以至于完全排斥了其他风格。1987年拉克鲁瓦的"pouf"造型标志着巴黎高级定制时装似乎一致地融入了变化中的时尚潮流,对此,时尚专栏作家伯纳丁·莫里斯(Bernadine Morris,1987c)以略带怀旧的口吻写道:"这就是过去的方式,当时高级定制时装被视为世界时尚的实验室,由高级

---

[1] 到了20世纪60年代末,来自"街头"的看似反复无常的时尚影响力变得如此强大,以至于许多"业内人士"(例如服装制造商、百货公司买手、零售商和设计师本身)担心,时尚作为某种或多或少有序的品味选择的传播已经走到头了。这种焦虑与其说来自对高级定制时装制度的任何情感依恋,不如说是来自从街头引入市场的时尚的纯粹混乱和难以预测性。人们无法从季节的更替中感知到时尚的来龙去脉,或者古怪的时尚(例如长袍、破洞牛仔裤、氨纶紧身衣)何以即将取代当前的风潮。尽管时尚的进程从来都不是完全可以预测的,但在那个动荡的十年里形成的东西似乎已有点无政府主义的味道。目前的共识是,尽管有很多人担心60年代的动荡预示着未来的时尚界大灾难,但在这几年里时尚市场已经恢复了相当程度的稳定。

定制时装领袖设计的裙摆在世界各地都得到了认可。"在巴黎或其他一些时尚之都，裙摆的加长或变短仍然可能是时尚变化的标志，但它的出现不再像以前那样影响其他所有的裙摆长度。

综上所述，尽管巴黎高级定制时装仍然是向世界推出新女装时尚的主要舞台，但可以公平地说，引领时尚的条件和特征在这些年里已经发生了显著的变化，以至于随后的时尚进程已与过去大不相同。

文化连续性和经济可行性的限制因素

然而，不管高级定制时装在引入新时尚方面曾经扮演以及未来可能扮演的角色如何，都始终存在着一些与制约因素相关的重要问题，这些问题几乎无一例外地影响着时尚进程，并且在某些情况下构成对它的抑制。除了品味吸引力这类难以捉摸的东西之外，有两点尤为值得一提，但这两点往往被学生所忽略。第一点是洛维夫妇（Lowe and Lowe, 1985：202）所称的"文化连续性和审美规则形式对时尚进程的内在制约"。他们的意思是说，就服装的尺寸和比例等基本物理特征而言，如果一种新时尚在视觉上与以前的时尚相差太远，那么它就不会被同化。当然，在任何特定的历史时刻，要说清什么将被时尚界人士认为是"太远"并非易事。尽管如此，人们所能想象到的某些可能性显然难以置信。例如，维多利亚时代的衬裙，或几乎接近其裙宽的任何样式，这些都不可能被接纳为当今世界的时尚，19世纪晚期高度隆起的裙撑或蜂腰紧身衣或许亦是如此。[1] 无论时尚与流行模式的脱节有多么严重，时尚最终都必须与其不久的过去保持某种重要的文化联系。

第二点，即使一种时尚在其引入时确实具有足够的审美吸引力，并在文化上与之前的时装保持一致，问题仍然在于它的设计特征和/或价格结构是否能够使其通过一位作家（Fraser, 1981）所称的时尚业"工业网络"（industrial web），即大规模的服装生产技术、已建立的销售渠道、成本经济等（参见 Rosenblum, 1978）。如果一种极具吸引力的时尚被认

---

[1] 如前所述，这些例子反驳了这样一种观点，即无论提出的变化究竟是什么，时尚都只不过是为了变化而变化。

为在这些方面有所欠缺，那么它几乎肯定会在推出后不久就夭折——也就是说，假设它在被推上模特舞台之前并未被淘汰。而且，即使在成功之后也仍然存在许多问题，正如一位纽约试衣模特向我解释的那样。[1]例如，考虑到大规模生产的技术要求，为走秀而设计的"独一无二"的服装能否适应多种生产方式？

3. 时尚领袖

一旦一种时尚得以呈现给它的首批观众——如今主要是来自大型连锁百货公司的买家以及国际时尚媒体的成员——并被其认为具有潜在的可行性，随之而来的将是一段在当今世界越发短暂的不确定期，在这段时间里，相关各方会密切关注"关键人物"是否采纳了这种服装。时尚进程的这一阶段通常被称为"时尚领袖"阶段，就像时尚界的诸多其他面向一样，现在与过去已大为不同（Blumberg, 1974）。纵观西方历史，在沃斯和19世纪中叶巴黎高级定制时装店创立之前，时尚领袖主要存在于宫廷社会中男性贵族的妻子、女儿和情妇之中，在更早些的时候，偶尔也存在于男性贵族中。从19世纪中期到20世纪初，认可或拒绝一种新时尚的群体主要是上层商业社会的贵妇人。[2]在受其青睐之后，新时尚就会按照凡勃伦和齐美尔的世纪末（fin de siècle）涓滴理论，缓慢地向社会阶梯中更底层的群体扩散。正如我们所见，今天的情况已截然不同。

如果当下有什么东西可以近似于第一次世界大战前的时尚领袖的话，那么它现在至少已经分裂成了几个部分，每个部分都各自构成了某种品味的精英阶层，而在其身后还有一群相当不稳定的、流动的追随者。

---

[1] 试衣模特与时装秀上的走秀模特有所不同，他们受雇于设计师和制造商的工作室。设计师的新作品或即将投入生产的版型实际上是由他们试穿的。虽然他们挣的钱比秀场模特少，但却更接近设计和制造流程。我采访的模特在业内被称为"完美的8号身材"。

[2] 然而，在资产阶级的贵妇人承认一种新时尚之前，它首先要受到时髦女演员、交际花、被包养的女性和其他普通百姓的"考验"，这是很平常的事。普鲁斯特的巨著《追忆似水年华》在很多地方都提到了这一点（Steele, 1988），而齐美尔（1904）则对其展开了精彩的社会学分析。

比如，时尚作家嘉莉·多诺万（Carrie Donovan）就把当今世界的时尚领袖分为三种类型：前卫（即在风格上冒险）、奢华（即穿着昂贵）和现实（即"日常"的中产阶级和中上阶层的时尚女性），且最后一种有着迄今为止最大的细分市场（Donovan, 1983）。此外，无论是前卫派还是现实派时尚领袖（在社会地位、金钱、生活方式和个人影响力方面）都无法与昔日的贵族和高级资产阶级的时尚精英相提并论。虽然奢华阶层可能确实包括了与19世纪末和20世纪初的前辈一样富有（如果不是更富裕）的女性，但有钱人社交圈在规模、异质性和民主化方式上的提升极大地削弱了她们在这个阶层中予以发挥的时尚领袖作用的力量和广度。

在这一点上，我们不应过分看重多诺万对时尚领袖的三重划分。正如她自己所认识到的，总的来说，分隔它们的界限并不那么清晰，这些划分本身也不够一致。尽管从源头上看，我们可以假设这些重点是相当明确的，并且在审美上将其称为不同的时尚流派，但伴随其影响扩散的实则是大量混合、重叠和混淆的倾向。

事实上，有些学者会质疑用这些术语来理解时尚领袖是否正确。这并不是因为他们质疑在有时尚意识的穿戴者队伍中是否存在前卫派或奢侈倾向的人；相反，他们是在质疑品味传播的等级制度是否围绕着这些区分而形成。例如，霍罗威茨（Horowitz, 1975）认为关键的区分存在于精英时尚和大众时尚之间，每种时尚在其各自的领域中都相对独立且没有差异。某些取得了持续而大规模成功的流行服装系列［如丽资·克莱本（Liz Claibore）的服装系列］对高级定制时装的关注就极为有限（Hochswender, 1991e），这恰恰证实了以上观点。

另一方面，格林德（Gringdering, 1981）、金（King, 1981）和吉尔默（Gilmore, 1973）从大众媒体向广大时尚接受者展示新时尚的相当直接的描述方式中得出结论：在所有的地位层次和所有的品味亚文化中都存在着"领袖小圈子"（leadership pockets）。因此，在他们看来，时尚是从这些小圈子里水平辐射出来的，而并非像经典的涓滴理论所说的那样从高到低垂直辐射。其他评论家（Fraser, 1981）认为，在当今世界，即使是那些被视为时尚领袖的人，在选择穿什么时也会有很多即兴发挥。这些人更强调不要过于接近最新时尚,这几乎成了一种原则。[1]这种即兴创作的视觉冲击力通常会激发亚时尚,而亚时尚本身就有助于促进主流时尚的趋势,甚至有时还会改变它的方向。[2]

与当代生活中的许多其他事物一样,当今时尚领袖的流动性和开放性使得大众媒体(特别是电影和电视等视觉媒体)比纸媒占主导地位的时代更有可能影响品味的方向。在没有贵族和上流社会模特(如温莎公爵夫人、马丁内斯·德·霍兹夫人、威廉·佩利夫人)来证明一种新时尚的可行性的情况下,媒体无论愿意与否(尽管绝非漠不关心)都承担起了这项任务。他们极为果断地宣布新的颜色、廓形、裙摆长度、服装搭配等,在短时间内设法在彼此之间产生一种虚构的共识。(由于担心与媒体同行步调不一致,他们在细节和倾向上达成了某种默契。)他们随后会将这种默契作为"时尚现实"呈现给感兴趣的公众。这种"现实"假定可以让所有关于新时尚的可行性和接受度的详尽问题都得到解决。与此同时,由于公众很容易对其在媒体上看到的、听到的和读到的东西不屑一顾,因此,从长远来看,媒体报道的现实往往不像过去那些"真实存在的"贵族和上层社会的时尚领袖那样对时尚公众有着较强的说服力(Cunningham, 1988)。

也许,"老派"时尚领袖地位的衰落有助于解释当今社会各阶层对各种时尚主题都拥有更多的即兴创作自由(参见Fraser, 1981: 200)。这与之前提到的,如今的服装市场不可能由单一的时尚主题(例如短裙、垫肩、特定的颜色)所抢占和垄断的观点相一致。

无论如何,当代时尚领袖在其社会位置上具有深刻的多中心性,在其主题材料上则具有明显的多样性。社会学分析也许可以抽象地辨别

---

[1] 设计师们自己也常常(以或许并不诚实的语气)建议公众不要盲目地追随他们的时尚教条。他们敦促顾客"锻炼自己的想象力",加入自己的"个人印记",且不要害怕"脱颖而出"等。大多数类似的劝诫都顺应了这样的准则(现在已沦为陈词滥调):过于时尚就过时了。它们为反时尚的冲动提供了一定的道德空间,这种冲动几乎总是与时尚本身同时发生,从而平息了其自身不稳定的潜力。

[2] 这种即兴效果的集体效应类似于街头时尚现象,许多人认为这一现象自20世纪60年代以来就极大地震动了高级定制时装和成衣领域(Field, 1970)。

出它的一般形式（Blumer, 1969a; Meyersohn and Katz, 1957），但要在时尚周期中找到它的精确核心或追踪它的准确路径，已经成为一项异常艰巨的任务。

4. 提高社会知名度

这对于市场而言可能是个关键阶段。尽管一种新的时尚可能会受到时尚作家和评论家的赞扬（几乎总是如此），也有一些时髦人士可能会出于在圈内独占鳌头的愿望而着手装扮，但它是否能赢得足够的知名度进而让广大受众相信它即将或已经成为一种时尚了？而如果人们对其置之不理，是否很快又会让人觉得它已经"过时"了？值得注意的是，迄今为止设计师服装很可能充当了这种新时尚的主要载体，但在美国每年300亿美元的女性服装业务中，设计师服装只占不到1%（Hochswender, 1989b）。

尽管米兰、巴黎和纽约的时装秀早已结束，但在这一关键节点来临之前，制造商和销售商就必须开始承担在那些严格来说尚未证明其价值的款式上投放大量资本、材料和库存的风险。但如果不这样做，它们就会付出（可能相当大的）代价，比如被去年的流行风格冷落，或者在最好的情况下，跟上时尚潮流太晚，无法从成功的新时尚带来的购买热情中获益。

当然，时尚史上这样的例子俯拾即是：要么在这一阶段下注且惨败，要么没有下注但也同样会一无所获。近来，时尚界试图复兴20世纪60年代的超短裙和迷你裙，此时一场近乎灾难的事件发生了。尽管到了1990年，这一款式已得到了某种程度上的广泛接受（主要在年轻女性中），但制造商和零售商还是损失惨重，因为他们在1987年就过早地登上了舞台。更大的损失出现在20世纪70年代初，当时尽管时尚媒体进行了卖力的宣传，并在一些圈子里激起了真正的热情，但事实证明让女性接纳中长裙或迷笛裙的尝试彻底失败了（Luther, 1990）。此外，我们不应该认为，鉴于时尚周期的加速和时尚推广人员可获得的巨大广告资源，因而这种惨败完全是最近才出现的现象。1909年,巴黎和纽约时装界都致力于让女性放弃紧身直筒裙,而改穿布料使用量大得多的裙撑裙,但这种做法也与最近的许多时尚尝试一样以惨败告终(Brenninkmeyer,1963:74—75)。

抛开失败不谈,眼睛——或者更确切地说,是心灵和自我——参与并吸收新时尚的进程构成了一种迷人的心理转变。在这一进程中,陌生的东西很快就变得熟悉,而熟悉的东西则日渐陌生。由数百万人几乎同时经历的这种观念和态度的转变,比其他任何事情都更能从心理上支撑时尚社会知名度的提高,当然,如果时尚要达到大规模同化的水平,这一点无疑是必要的。朗夫妇(1961:470)对这一进程进行了敏锐的个人描述,该描述摘自一位美国女性的日记,她在1947年从国外回来时邂逅了迪奥的"新风貌":

> 在从中国回来的路上,每到一个机场,我就会开始观察反向而来的女性。在加尔各答,第一件没有垫肩的长裙看起来就像是化妆舞会上的东西。在法兰克福(还有维也纳)的美国公司的就职仪式上,很多新来者已经改变了穿衣风格,并吸引了所有人的注意。在香农的机场,我经历了漫长的等待;我在去欧洲的途中和一位女士聊了起来。她来自旧金山,她告诉我那里的人尚未完全被说服;穿长裙的人和不穿长裙的人一样多。但当她飞往东方时,她发现几乎所有纽约人都喜欢新款式,她很庆幸自己不用留下来,否则她的衣橱眼看就要过时了。当我从纽约坐火车回家时,我的短裙会很扎眼,我的肩膀看起来太宽了!现在已经过去两个星期了,我正在松开裙子下摆,试图找出所有中国制造的衣服中有哪些可以抢救,然后开始疯狂购买!

很少有服装或造型或服饰搭配(或任何已成为时尚对象的东西)能在社会知名度不断提高的时期保持不变。几乎难以避免的是,随着某一时尚风格变得越来越流行,它的一些"极端"特征被淡化了。与此同时，时尚媒体和商店销售人员的担保也缓解了潜在的买家焦虑，即新时尚"适合所有人"，人们不必太瘦、太高、太年轻、太性感等（这取决于时尚的属性），所有人都能穿出好的效果。撇开这些话术背后的赤裸裸的营销手段不提，我们需要认识到在这一阶段为公众提供细微的风格调整以及对维护自我形象的保证，在某种程度上更有利于时尚传承的文化连续性。

从设计公司的销售实践到客户和销售人员之间的销售点交流，当一种新时尚开始获得广泛的知名度时，它的"酝酿"在行业的各个层面都显而易见。通常来说，正如我们所看到的，一些"酝酿"已经发生在了"引入"和"时尚领袖"阶段。在这些关联中尚未被提及的是，设计师在举办时装秀时，会引导潜在的百货公司买家和其他零售商购买他们的某些特定产品，而不是其他产品。由于设计师，尤其是他们的资助者，意识到了服装市场固有的保守性，因此他们所优先推出的产品往往是那些被认为既有一定机会吸引到追随者，同时又不会带来棘手的生产问题的产品（例如，面料供应充足；零件裁剪和连接的生产公差不至于威胁到成品服装的完整性）。因此，在秀场上的一打衣服中只有少数算是"真品"。其他要么纯粹是"一次性的"，旨在为时装秀增添一种"有深度"的氛围；要么是更具有策略性意义的，比如对设计公司希望在市场上销售获利的产品的故意且夸张的演绎。时装秀上所有可用的剧场资源都会被用于展示最受青睐的项目：灯光、音乐伴奏、展示序列中的摆放位置（通常在中点附近）、模特选取（最漂亮的模特身穿真正的作品）。

如前所述，在半年一度的时装秀结束后的几天和几周之内，随着买家向设计公司下订单，设计也会进行修改。霍克斯温德（1989d）再次提供了有力的证据。

> （在）佩里·埃利斯的系列中，展示时超短的裙子——长度从12英寸到17英寸不等——发货时长度为21英寸到23英寸……卡尔文·克莱恩系列（Calvin Klein Collection）的部门总裁苏珊·索科尔（Susan Sokol）指出，"卡尔文展示的是膝盖以上的长度，而我

们将其延伸得更长，从 23 英寸到 25 英寸不等，一直到膝盖顶部或过膝……"即使是戈登·亨德森（Gordon Henderson），他的衣服主要面向年轻的设计师客户，也同样对自己的生产线进行了调整。"在秀场上，裙子和短裤都很短，"亨德森的全国销售经理佩里·凯恩（Perry Kane）说，"我们的产品则更长些，有 19 到 20 英寸。"

在更低的几个销售级别中，随着时装向中低档的百货公司、专卖店、社区精品店等进军，还将产生一系列的调整。时至今日，社区商店和购物中心出售的许多服装都是由纽约的大量服装制造厂以及规模较小的洛杉矶制衣中心制造和销售的。（然而，许多此类企业现在已将不同比例的工作转包给美国南部和中南部的工厂，在某些情况下，还转包给韩国、泰国、印度、马来西亚和加勒比海国家的海外工厂。）每年春季和秋季，当地商店的买家和买家代表就会蜂拥至纽约服装中心，查看服装制造商展厅里的商品，并为即将到来的秋/冬季以及春/夏季下订单。[1]

正是在这里，在纽约和洛杉矶服装制造商的展厅里，在来访的买家和展厅销售人员的互动中，除了不可避免的讨价还价之外，时尚创新与时尚的市场性之间的戏剧性冲突的最后一幕仍在上演。

通常买家自己就是商店的销售人员，他们认为自己对客户喜好有着得天独厚的认知，抑或至少知道客户愿意以时尚的名义接受什么。例如，在我对此类展厅交易的观察中，经常会有买家看中夹克、裙子或其他衣服，这时销售人员就会说"海伦肯定会买那个"，或"公爵夫人的屁股太大了，才不会试穿那件"。对于销售人员来说，他们当然清楚地知道自己的公司在即将到来的某一季的某一服装系列中所占的份额。此外，展厅销售人员还会强调做工良好、价格公道、交货日期及时等因素，他们会对自己产品的时尚性夸夸其谈："明年春季这种薰衣草将会大受欢迎"；"我们

---

[1] 那些由于规模太小而无力将自己的买家送到纽约或洛杉矶的零售机构，通常会聘请被称为常驻采购办事处的公司代其下单。鉴于常驻采购办事处可以同时将几十家此类小店铺的订单与一家或几家服装制造厂商联系在一起，因此他们对制造商施加了极大的价格杠杆和风格影响力。因为他们代表的是中小型商店，而这些商店的顾客更为真实地反映了美国主流品味，所以他们的影响力通常倾向于缓和那些被看作极端或不切实际的时尚特征。

这种插肩袖夹克已经卖断货了"；等等。与此同时，我们清楚地认识到，在特定设计所施加的技术限制范围内，制造商会预先把衣服剪得长一点或短一点，把A夹克和C裙搭配起来，而并非和B裙或D裤搭配，诸如此类。

这样的遭遇重复了成千上万次，且通常（尽管并不总是）都由非常相似的品味坐标和市场突发事件构成，一种新时尚在进入大众市场时所走的轨迹肯定会比以往更为固定。创新与保守的辩证关系几乎已经被解决了，直到下一波时尚的浪潮开始形成。

一旦进入大众市场，到了顾客和零售人员的销售互动层面，基础时尚就几乎不可能再经历进一步的改动了。事实上，发生这种情况（假设它以某种方式成为可能）的机会几乎已经消失，因为零售现场的个性化服务实际上已不存在了（顾客现在会直接从商店的衣架上挑选服装），与此同时，近年来商品目录销售实现了惊人的快速增长。无论如何，现在新时尚的标志性元素已经非常明确，即使在销售人员亲自关注顾客的罕见情况下，也几乎不可能进行更多的改动（除了几乎不影响基本时尚的细微改动）。而由于熟练裁缝的日益短缺以及改衣的高昂费用，甚至连这种做法都变得难以实现了。

5. 衰落

斯普罗斯（1985）将时尚周期的最后阶段确定为社会群体内部及之间达成一致，社会达到饱和，以及衰落和过时的过程，它发生于引领新时尚向前发展的进程逐渐展开之时。其中的首要阶段意味着大众的普遍接受让新时尚已"随处可见"。但随着其新奇价值的每况愈下，它已不再让人感到震惊或不安了。

一般来说，在时尚变得像近几十年来那样多样化和多元化之前，正是这一阶段让那些拒绝跟上时尚潮流的人显得十分扎眼。他们在文献中（Kaiser，1985；Sproles，1985）被称为落伍者和冷漠者，这一异类群体有时包括那些（数量上很小众）几乎是出于意识形态信念，并通过强烈拒绝"跟风"，而宣称自己对新时尚，或就此而言，对时尚总体持敌视态度的人。[1]（我将在下一章详尽讨论这个群体。）

可以预见的是，到了这一晚期阶段，出于人口统计学上的原因，大规模趋同阶段让位于社会饱和阶段，纵然在现象学上难以划清二者之间的明确界限。尽管如此，许多相互关联的现象（过去比现在更为明显）证明了饱和状态的形成：由于制造商和零售商无法实现与此前季度几近相同的销量，库存在不断增加；厌倦和不安开始折磨时髦人士，有些人实际上已然放弃了当前的流行风格转而喜欢上了早期的时尚风潮，而另一些人则更多地通过言语而非着装行为来嘲弄这种无处不在的流行时尚。[2]最后，也许最能说明问题的是，通常体现于高级定制时装之上（尽管近年来并不常见）的新兴时尚主题和潮流开始崭露头角，从而为时尚爱好者们提供了新的吸引力。

衰落阶段的最后一步是"过时"，只有在时尚被后继者所淹没，以至于那些仍然受其影响的人被视为"过时的"（démodé）时，才能说"过时"已经真正发生。按照定义，这种情况几乎只有在作为后继者的新时尚发展到一个相对高级的阶段时才会发生，且最迟不会早于提高社会知名度的阶段。因此，显而易见的是，此前和此后的时尚周期在时间上总是重叠的，它们之间没有明显的、不连续的断层。值得关注的是重叠的程度、在重叠过程中发挥作用的社会心理过程（这些过程限制了旧事物让位于新事物），以及在重叠模式中得到揭示的审美偏好、性别表现和生活方式倾向的历史趋势。

总的来说，根据关于当代时尚创新的多中心和多变结构的众多讨论

---

1 这些人必须与那些因自身社会状况而使其边缘化于时尚轨道的大众群体区别开来，例如，老幼群体、收容机构中的人（如因犯和智力低下者）、穿着传统"故国"服装的未被同化的少数民族、流浪者、贫民窟的人以及其他与世隔绝的人。

2 然而，在概念层面上把所有的时尚变化完全归因于这种感觉是极具风险的。迈耶·夏皮罗（1978）巧妙地驳斥了艺术中的衰竭－反应理论（exhaustion-reaction theories，意指将每一种风格变化都视为对前一种风格假定的审美耗尽反应），这类理论通常未能顾及以下问题：无聊和不安有时会持续数季，有时又会出现在新时尚问世前的短期之内；并非所有新的和/或反应性的时尚都能获得成功（事实上，大多数都不能！）；连续的时尚通常会显出更明显的主体连续性而非间断性。我们最多认为，尽管无聊和不安是时尚变化的必要条件，但其本身并不是一个充分条件。

来看，重叠现象似乎比过去发生得更频繁也更迅速。即使是细心的时尚消费者也越发难以知晓哪些时尚是"流行的"，哪些是"过时的"，因为新时尚的涌入是如此之迅疾且多样。这一问题会因参考群体的不同（职业、地区、政治、亚文化、年龄和阶级结构）而有着不同程度的复杂化。在某些情况下，时尚运动的节奏和多样性以及时尚敏感性对个体身份的突显要远高于其他情况。例如，某些当代青年群体（如朋克族、冲浪族和初高中生）几乎每周都会展现一种极端的时尚风格，每个群体和地区之间很难就什么是"流行时尚"达成共识（Penn, 1982; Rimer, 1985）。

结　　论

这些最后的评论将我们带回本章对19世纪以来（尤其是第二次世界大战之后的那段时期）时尚周期变化特征的初步观察。显然，我们所熟知的过去近一个世纪的时尚周期，是一系列合理有序的单一时尚的延续，尽管从一种时尚到另一种时尚是不可预测的，但其起点、中点和终点都有相当明确的界限，且这些时尚似乎注定会过时，如果它还没有过时。布吕巴赫（1990c）深刻地反思了这一现象：

> 在T台上展示的时尚已经远没有之前那么一致了，但媒体对它的报道仍然集中于裙摆、颜色和单品上——以及这些系列的共同点上……事实上，如今你差不多可以在个人的时装系列中找到任何东西。正是这种随机性让时尚变得不再运作自如，让记者和商店（以及女性）难以应对。不过，你也不能苛责时尚作家们试图从其所见之物中寻找有意义的主题：他们的工作就是寻找一个故事。

然而，时尚仍然存在，且它很可能会在未来很长一段时间内继续在西方流行。似乎正在取代经典的"三到五年钟形周期"的是大量"微周期"，每个"微周期"都面向服装市场的不同身份群体。即使在同一个群体中，无论市场研究人员如何划分（例如，已婚职业女性、健身爱好者、不合群的中产阶级青年、富裕的老年人），也很难找到在任何时候都占据主导地位的时尚；因此，在同一个身份群体内部以及不同群体之间存在着周期性的不规则现象。

毫无疑问，有些人会反驳关于时尚多中心主义和多元主义时代即将到来的说法，声称（当然是事后之见）他们在这个混乱的时尚微周期中发现了潜在的共同主题和关注点。（其中一些已经以后现代主义的名义进行了。）这一命题几乎必然会得出这样的结论：这种看似多样性，只不过是"表象"多于"实质"。但即便如此，这种时尚多元主义的"表象"——毕竟，如果不是"表象"，时尚又做了什么呢？——就已经使人的外形在视觉上，进而在社会上，呈现出与我们过去所熟知的截然不同的面貌风格。

为什么单一的宏观周期会被众多不同的微观周期所取代，这一更大的理论问题对于服装时尚领域来说很难回答，对于现代文化中其他已注意到类似现象的领域也是如此，例如绘画、音乐（流行的和严肃的）、建筑、休闲活动、烹饪实践，甚至医疗保健方式。我们只能猜测：正如丹尼尔·贝尔（Daniel Bell, 1976）所言，在经济层面上，随着支持西方社会的以媒体为载体、以大众为基础的消费文化系统变得越发统一化、合理化和全球化，文化产品同质化的强烈的结构性需求也随之而来；于是，人们开始对文化的一致性和同质化产生深刻的反应，且这种反应往往带有浪漫主义和反技术主义的倾向；正如克拉普（Klapp, 1969）所记录的那样，这种反应的特点就是寻找和构建群体身份，该身份不仅赋予了个体外表一种归属感，同时还能使其不至于被淹没在同质化的大众之中。

在没有更好的解释之前，我们现在只能推断经典的"长波"时尚周期在此之前会将所有人都卷入同一个风格阵营，但不知何故（可以肯定的是在20世纪60年代末），它以某种方式沦为了晚期资本主义消费文化所引发的身份定义反应的牺牲品（参见Davis, 1967）。诚然，越来越多地取代了它的位置的多元微观时尚，在常规的吸纳之后（尽管不一定是在其原点），就像"长波"时尚周期本身一样也成了该文化的一部分。这究竟是真实的还是虚假的文化产品，我将留给他人判断。但这的确创造了一个极为不同的时尚环境。

第八章　反时尚：否定的变迁

　　对时尚置之不理的人与那些照单全收的人一样都接受了时尚的形式，只不过他们会将时尚体现为另一种类别，前者表现为夸张，后者表现为否定。事实上，偶尔也会发生这样的情况：在一整个大阶层群体中，完全背离时尚设定的标准反而成了一种时尚。

　　　　　　　　　　　　　　　　　　——格奥尔格·齐美尔

　　那些看起来对时尚过于热衷的人是跟不上时代的。

　　　　　　　　　　　　　　　　　　——卡尔文·克莱恩

　　在那些看起来带有"坏品味"的事物中，你总能找到某种美。

　　　　　　　　　　　　　　　　　　——让-保罗·高缇耶

　　反时尚和时尚一样都是时尚的产物，正如时尚本身就充当了时尚自我毁灭的手段一样。[1] 这一点似乎是显而易见的，因为无论反时尚采取何

---

[1] 这句话的后半部分经常会关联到香奈儿的一句话："时尚创造就是为了使之过时。"

种形式，它都必须通过某种象征性的对抗手段（如拒绝、刻意忽视、戏仿、讽刺等）来针对当时主流或"流行"的时尚。衣冠楚楚又气度不凡的年老贵妇傲慢地蔑视着新的时尚潮流，她所持的这种反时尚立场与穿着皮衣、留着莫霍克发型的朋克歌手无情拒斥传统服饰是一样的。

在主观层面上，反时尚的对立立场，无论其姿态多么怯懦或犹疑，都能立即将其与时尚冷漠者区别开来。后者要么对时尚一无所知，要么就是出于这样或那样的原因完全不关心流行的时尚是什么。[1] 社会上有很多人对时尚漠不关心；反时尚的人却少之又少。冷漠者置身于时尚象征主义和反象征主义的对话之外；而反时尚者（无论何种类型）都在维系和培育着这种关联。

20世纪60年代兴起的服装革命导致许多人认为反时尚作为一种自觉的，甚至是有组织的反对流行时尚的立场，是最近才出现的。事实上，服装中的反时尚主题和动机（毫无疑问在其他装饰和艺术领域亦是如此）可以追溯至欧洲历史的很早以前，而且似乎在当时就起到了和现在一样的作用：表达异议、抗议、嘲笑和愤怒。在玛丽·安托瓦内特（Marie Antoinette）的庄园（bergerie）中身着挤奶女工服装（milkmaid-attired）的宫廷贵妇，大革命后通过穿着古怪服装来表达政治立场的时尚青年，布鲁梅尔（Brummel）时代的伦敦花花公子以及后来效仿他们的19世纪法国人，源自罗特列克（Lautrec）的巴黎和马尔科姆·考利（Malcolm Cowley）的格林威治村的妓女，他们都沉迷于当时的反时尚姿态并以此寻求声望。对此，正如弗吕格尔（1945）和其他人所观察到的那样，政治上的左翼人士自始至终都需要像波西米亚人一样，身着时

---

[1] 反时尚的另一个定义可以参考波尔希默斯和普罗克特（Polhemus and Procter, 1978: 16)："反时尚指的是所有不属于有组织的时尚变革体系的装饰风格。"在这一定义下，它们不仅包括反对派的服饰，而且包括所有形式的传统和民间服饰，甚至包括原始人和远离西方文化的其他民族服饰。我个人的感觉是，将"反时尚"一词限制在与潮流相反的服装上更为恰当，也就是说，那些回应了潮流变化的服装，而非仅仅是处于潮流之外的服装。"非时尚"（nonfashion）一词似乎更适合这些作者所提到的时尚范畴之外的其他服装形式（例如，民间的、农民的、部落的、橡胶和皮革恋物癖者的私服）。关于反时尚和非时尚之间的类似区别，请参见Brubach, 1989b。

髦的非正统服装。[1]

反时尚与时尚的关系是如此紧密，以至于到了西方服饰的晚期，可以说反时尚的姿态已经牢固地，甚至是不可逆转地融入了时尚本身的系统机制之中。在本章的题记中，卡尔文·克莱恩谴责了那些"对时尚过于热衷"的人，正如早些时候频繁得到引用的香奈儿的名言："时尚创造就是为了使之过时。"著名的女鞋设计师莫罗·伯拉尼克（Manolo Blalnick）曾说过："不幸的是，我的鞋子有时很时髦。但这太下流了。我希望它们在十年后仍能保持同样的含义。"（Gross, 1987a）

可以列举无数其他著名设计师的类似言论。[2]但唯一稍显矛盾的问题在于，那些名声和财富最依赖于时尚的人也最容易诋毁时尚。当然，这类言论在一定程度上是为了暗示设计师的创作超越了"纯粹时尚"的短暂性，这在一定程度上似乎颇有为己谋利之嫌。然而，这在另一方面也说明了时尚在多大程度上需要从反时尚中寻求灵感。无论如何，这种几近程式化的反时尚姿态近年来也被大型服装制造商所采用。这些公司的利润完全依赖于消费者对时尚的敏感度，就像著名设计师的利润完全取决于其高端客户的时尚敏感度一样。例如，著名的"时髦"青年服装制造商埃斯普利特，其1987年秋季的产品目录中充斥着对时尚和时髦度的谴责。相反，该品牌的服装被誉为支持"风格"以及提升"个性"。

---

[1] 大约从第一次世界大战到20世纪60年代的牛仔裤狂潮，当时的政治左派和文化（波西米亚）左派在很大程度上联合在了一起，美国左派人士中流行的"反资产阶级"男性风格以这样的服装为主：开领的深色或纯色礼服衬衫，或在极少数必须打领带的情况下配以粗羊毛领带；未经熨烫的灯芯绒夹克（有时肘部带有补丁）和灯芯绒裤子；不戴帽子（当时在公共场合戴软毡帽几乎是必须的），偶尔戴贝雷帽；还有一些不太常见的，沉重的工装鞋或登山靴。正如可以预期的那样，随着时间的推移，这种服装的大部分要素已被主流男性休闲装所吸收。
[2] 当今某些设计师的声誉和随之而来的经济成功几乎完全依赖于他们公然的反时尚倾向。所涉及的例子包括法国人让-保罗·高缇耶和意大利人弗兰科·莫斯基诺，据报道前者的全球销售额接近2 000万美元（Brantley, 1984），后者的年销售额超过5 000万美元（Gross, 1986a）。高缇耶一些为人诟病的设计还包括作为外衣穿的束腰紧身胸衣、穿在厚重大衣外面的毛衣，以及"膝盖和臀部有开口的漆皮裤"（Hochswender, 1989a）。莫斯基诺的"愤怒"系列包括印有轮胎滑痕的裙子（配以蕾丝紧身胸衣），以及"用塑料旋钮固定的经典小香风套装……（和）带有米妮老鼠卡通图案的按扣"（*New Yorker*, 1989）。他将自己1990年在米兰展出的秋季系列命名为"中止时尚体系"（Stop the Fashion System），并上演了一场精心设计的芭蕾舞，在其中对现代时尚进行了疯狂的嘲讽（Morris, 1990a）。

131

美国左派（进步的桑地诺主义支持者）

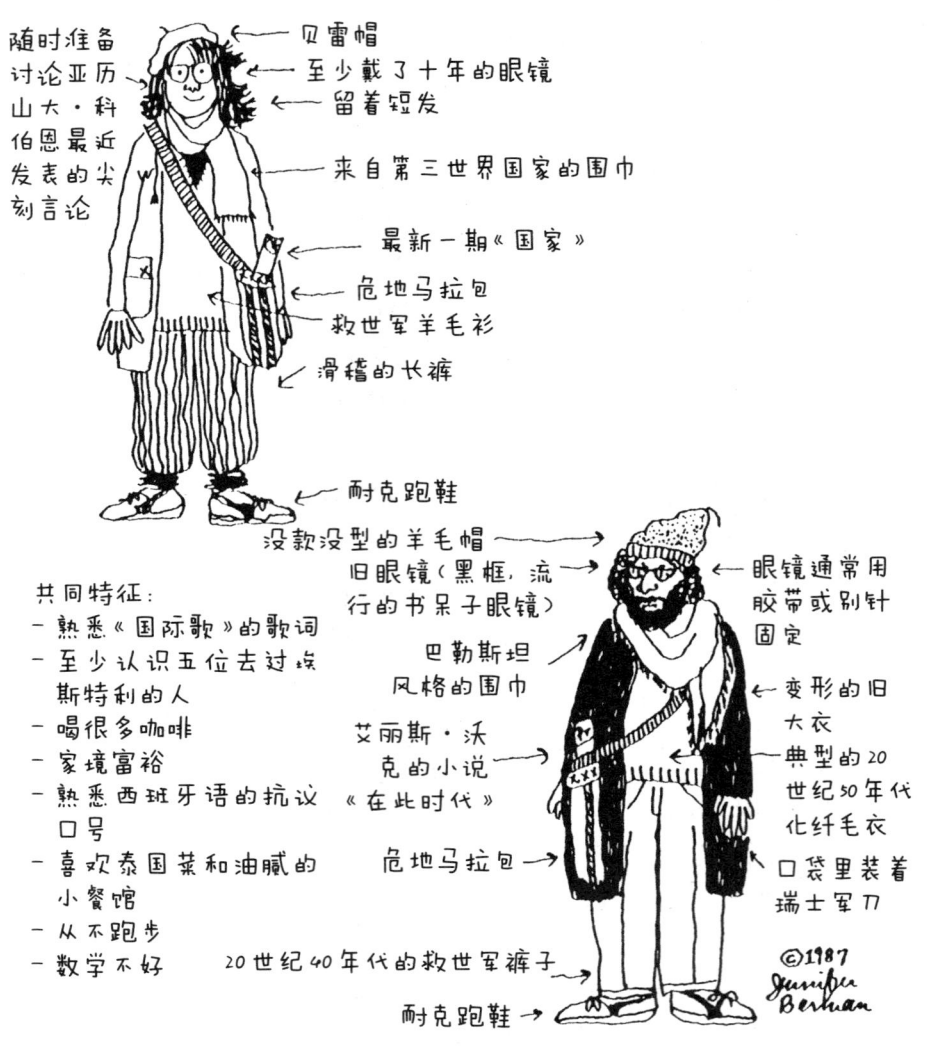

随时准备讨论亚历山大·科伯恩最近发表的尖刻言论 →

贝雷帽 →
至少戴了十年的眼镜 →
留着短发 →
来自第三世界国家的围巾 →
最新一期《国家》 →
危地马拉包 →
救世军羊毛衫 →
滑稽的长裤 →
耐克跑鞋 →

共同特征：
- 熟悉《国际歌》的歌词
- 至少认识五位去过埃斯特利的人
- 喝很多咖啡
- 家境富裕
- 熟悉西班牙语的抗议口号
- 喜欢泰国菜和油腻的小餐馆
- 从不跑步
- 数学不好

没款没型的羊毛帽 →
旧眼镜（黑框，流行的书呆子眼镜）→
巴勒斯坦风格的围巾 →
艾丽斯·沃克的小说《在此时代》→
危地马拉包 →
20世纪40年代的救世军裤子 →
耐克跑鞋 →

← 眼镜通常用胶带或别针固定
← 变形的旧大衣
← 典型的20世纪50年代化纤毛衣
← 口袋里装着瑞士军刀

©1987
Jennifer Berman

詹妮弗·伯曼（Jennifer Berman）绘制；©《In These Times》杂志（1987）。

高级时尚的反时尚：莫斯基诺的印有轮胎滑痕的裙子，搭配透明蕾丝紧身胸衣。维托里亚诺·拉斯泰利（Vittoriano Rastelli）拍摄/《纽约时报》照片。

因此，时尚与反时尚之间的悖论关系可被认为是一种超验的矛盾。它是一种由辩证关系引发的矛盾心理，由于反时尚的不同姿态（反之，时尚也常常沉溺于这种姿态）再次笼罩了很多主要和次要（性别、地位等）的矛盾，后者恰恰是时尚最初的灵感来源。因此，举一个最近的例子，时尚对朋克反时尚的众多主题的同化不仅建立在朋克本身广义的反对立场之上，而且还建立在朋克街头着装自始至终都更为具体的性别和地位异议之上。

为什么是反时尚？

反时尚的原因似乎过于复杂了。正如已经暗示的那样，在某种程度上它或许是推动时尚本身发展的必要手段；也就是说，它有助于收集象征性的素材，从而使时尚能够尝试进一步的发展。但这只有在反时尚展示了自己的产品之后才得以发生。此前的问题仍然存在：为什么这些产品此时要在这里出现？

要正确回答这个问题就必须把反时尚置于它的社会和历史背景之中予以看待。首先应该注意的是反时尚假定了某种品味和展示的民主性。在强权主义或极权主义社会中，很难想象反时尚的存在，除非是通过一些地下的表现形式。在这些社会中，反时尚即使并非有意为之，通常也会被当权者（以及可能对其产生共情的民众）视为政治抗议的形式之一。因此，时尚自动成了一种可疑的行为。[1] 根据不同当权者的专制政权的具体情况，那些冒然在公众场合彰显不同品味的人有可能面临资产阶级堕落、反革命阴谋、共产主义颠覆或亵渎神明等多重指控。

相比之下，民主国家和其他没那么专制的社会则为边缘人、少数群体、持不同政见者、其他特殊群体以及公众提供了在公开场合自由表达的诸多可能。如果此类群体在某种程度上发展出了一种象征性地将自己与其他群体区分开来的欲望，那么这种在民主国家中并不罕见的现象

---

[1] 在前苏联，对蓝色牛仔裤、摇滚乐、披萨、印花T恤以及其他西方流行文化符号的狂热主要还是在地下进行的，这也说明了反时尚在这类社会中的艰难历程。

就为反时尚的表现风格播下了种子。反过来,这些反时尚的表现又经常以稀释的形式被主流时尚所吸收。在任何情况下,无论种族、民族、职业抑或社会身份的偏差如何,对特立独行的集体身份的追求(参见Klapp,1969)都构成了反时尚的重要文化跳板。

在不过分强调马克思主义观点的情况下,甚至可以说这类团体的反建制、反时尚的象征性姿态,最终是为了转移那些可能引发更暴力、更不稳定的政治对抗的形式(Blumer, 1969a; Gusfield, 1963)。自20世纪60年代以来,设计者越发认识到这种关系,并且正如在其他方面所指出的那样,他们自己也更多地转向反时尚以寻求灵感。纽约设计师罗纳德·科洛奇(Ronald Kolodzie)对这一问题的观察,就像社会学家所写的一样:

> 孤立的世界总是将其风格交于主流时尚……边缘群体——黑人、波多黎各人、同性恋者——受传统文化所禁锢,也由此形成了自己独立的风格。在这一点上,你可以说它是进步的、真实的,同时也是一种历史优势。一些进步的内容将随着风格在社会上的传播而被保留下来,即使它会遭致穿戴者的抵触。(引自Kopkind, 1979: 36)

在民主国家,反时尚也起源于那些在社会结构定位中允许一定程度的懈怠和不负责任的人,尽管其力量并不像科洛奇所提及的亚文化那样明显。年轻人(尤其是尚未开始就业或成家的青少年)构成了这种结构性豁免的典型例证。这可能是美国高中生和初中生以及越来越多的欧洲和日本学生奇装异服、奇谈怪论以及行为方式特立独行的原因。尽管他们具备反时尚的倾向,但这样的创新(Louie, 1987; Penn, 1982: 4)往往过于本地化——同一地区的不同学校之间可能存在着显著差异——以至于削弱了它最终融入主流时尚的可能性。

就算借鉴了反时尚的套路,但究竟是当时的时尚征服了反时尚,还是反时尚仍会以某种重要的形式继续存在?尽管波尔希默斯和普罗克特(Polhemus and Procter, 1978: 16)认为时尚本质上与反时尚是寄生关系(总是予取予求而不给予任何回报),但他们坚持认为,反时尚自身的真实性和群体身份认同功能使其在很大程度上能够免于时尚特有的歪曲和掺假的影响。波尔希默斯和普罗克特在他们过于宽泛的反时尚定义中,将种族、民族,以及隐秘的恋物癖者纳入其中,或许就是因为如此。然而,就种族和民族中的少数派、反主流文化和社会偏差群体(已经或尚未"出柜"的)而言(他们与现代大都市的主流元素交织共存),反时尚与时尚之间似乎形成了一种非静态的、更为复杂的辩证关系(Chambers, 1986; Hebdige, 1979)。在将自己的符号拱手让于时尚的过程中,反时尚的群体会开始寻找更新奇的、更为微妙或更难以窃取的群体差异符号。(20世纪60年代末和70年代初,男同性恋群体经常被提及的从性感着装到"性放荡"式着装的转变就是一个很好的例子。)因此,当今世界反时尚的步伐非但没有受到影响,反而因时尚权威的突袭而加快了。就时尚本身而言,这种融合为其注入了活力,帮助了许多被时尚卷入其中的人,哪怕仅是在某种潜意识的敏感层面上也为其打开了更为广阔的文化视野进而解放了其狭隘的品味。这种社会象征性素材的持续流通也由此进一步服务于民主。

反时尚的种类

反时尚的形式多种多样且源自不同的文化背景。[1] 毋庸置疑的是,可供描述的形式要比我在此处探讨的要多得多,我在此列举的流行形式包括:功利主义的愤怒、健康和健身的天然主义、女性主义的抗议、保守的怀疑主义、少数群体的去身份化以及反文化的冒犯。显然,其中一些(例如,少数群体的去身份化与反文化的冒犯、健康和健身的天然主义与女性主义的抗议)在一定程度上是交错重叠的,而另一些则迥然有别。

功利主义的愤怒

这也许是人们最耳熟能详的,在关于时尚的"名言"中可以找到诸多

---

[1] 同样地,与波尔希默斯和普罗克特(Polhemus and Procter, 1978)不同的是,我将"非时尚"排除在这一范畴之外,它在现象学上呈现为一种极为不同的序列。

版本。[1]这些"名言"可以追溯到非常早期的文学作品(甚至包括《圣经》中的格言警句),它们谴责利己主义服饰和装扮的虚荣。[2]简而言之,这种态度谴责了与时尚相关的铺张、轻浮、空洞和虚荣,谴责了时尚的随季节而变化,以及时尚所引起的不公和变化无常。如今,美国著名经济学家、社会学家托斯丹·邦德·凡勃伦(Thorstein Bunde Veblen)是这一观点的典型代表。他的《有闲阶级论》(*The Theory of the Leisure Class*, 1899)不仅指出时尚是基于阶级的资本主义炫耀性消费和浪费的主要渠道,而且完全违背了工艺本能,而后者被其视为人类为数不多的救赎特征之一。在托马斯·卡莱尔(Thomas Carlyle)1836年的著作《拼凑的裁缝:赫尔·托尔夫斯德吕克的生活及观点》(*Sartor Resartus: The Life and Opinions of Herr Teufelsdröckh*)中也可以找到类似的观点,尽管其风格更具讽刺意味。

当然,一种近乎相同的反时尚态度也体现在普通人的日常生活中,比如,当人们为了给新时尚腾出空间而丢弃完全还能穿的衣服时,其可能导致的浪费、铺张和不便就受到了广泛的批评。鉴于当今国外时尚的多元化程度越来越高,这种情况在女性服装上发生的频率可能比20世纪40—50年代更低一些。然而,在报纸杂志上看到谴责某些新时尚将会造成经济(和审美)上的浪费的评论和来信,依然是屡见不鲜的。最近(1988年),当设计师们试图让女性重新穿上20世纪60年代风格的超短裙时,这种论调就曾大量出现。[3]

---

1 比如,《牛津引语词典》中的"时尚"词条下的二十多种索引。
2 其中最著名的是《以赛亚书》(3:16—24),其第一行写道:"耶和华又说:因为锡安的女子狂傲,行走挺项,卖弄眼目,俏步徐行,脚下玎珰,所以,主必使锡安的女子头长秃疮;耶和华又使她们赤露下体。到那日,主必除掉她们华美的[装饰]……"
3 美国国家公共广播电台的法律记者尼娜·托滕伯格(Nina Totenberg, 1988)的一篇专栏文章引起了广泛关注,并很快成为公众抗议超短裙的旗帜。该专栏写道:"对许多美国女性来说,几周前的重大新闻不是来自中东或超级星期二的初选,而是来自我们自己的家乡,时尚产业正在超短裙上大做文章。许多职业女性干脆拒绝购买超短裙,因此服装零售额创造了1982年经济衰退以来的新低。总之,超短裙是一场时尚灾难……时装行业此刻的痛苦都是设计师、服装零售商和时尚媒体中的懦夫们应得的,是他们延续了这种荒谬的创作……超短裙的促销者最终拿到的是空头支票,这是起码的正义。但女士们请注意,这场战斗任重道远。时尚界的许多人并未放弃。他们认为我们会率先退出。坚持住。不要买。超短裙会自生自灭的。"然而,超短裙的死亡更像是昏迷。它在两年内又经历了明显的恢复,并成为年轻女性首选的裙摆长度。

乍一看，这似乎是一个恩将仇报的例子，设计师们痛斥时尚的挥金如土和不切实际也绝非罕见。香奈儿生产的服装曾一度倡导简单、实用和耐穿的优势，其吸引力主要来自反时尚的姿态，正如美国设计师克莱尔·麦卡德尔（Claire McCardell）、已故设计师鲁迪·简莱什以及最

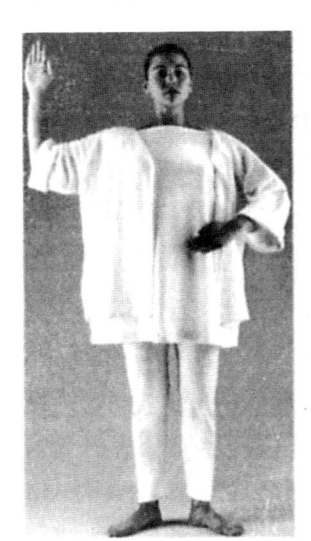

组合式服装：相同的基本单品以不同的方式组合，以适应不同的场合和季节。由 Jerell 公司提供。

近的丽资·克莱本一样。其他设计师也不时地为功利主义的愤怒提供更大的空间，他们为女性设计了所谓"组合式"(modular)或"白袈裟"(surplice)服装，有时也为男性设计了无性别服装。这让人联想到20世纪20年代的俄罗斯构成主义设计，抑或很容易联想到包豪斯工作室在其全盛时期的设计风格，这类服装包括一系列样式简约且通常较为宽松的纯色服装（比如单独的上衣、束腰外衣、打底裤、连体裤、裙子、围巾、披肩和裤子等），它们可以通过各种方式组合搭配，从而让穿戴者舒适地适应当天的意图和地点，并以此应对季节的交替。[1]毋庸讳言，组合式服装尽管具备舒适、实用和平价的优势，但在市场上并没有取得成功。

健康和健身的天然主义

一种与上述不尽相同但关系密切的反时尚姿态是健康和健身的天然主义。这种形式不太强调经济问题，而是选择将其愤怒指向时尚对健康的不良影响以及它对人类体质的非天然要求，尤其是对女性的要求：鞋子会挤压脚且有悖于脚的自然轮廓，高跟鞋会让走路不稳并引起背部疼痛；因为太短、太紧或过于宽松而阻碍运动的短裙和连衣裙；收紧的内衣；夏季过热或冬季过凉的面料；损伤皮肤和头发的化妆品和漂白剂；妨碍头部和手臂运动的发型和珠宝；运动服装的设计更多地是为了展示身体，而非为了游泳、滑雪、骑行、网球或其他任何运动。[2]这些只是几个世纪以来人们对时尚界的众多抱怨的冰山一角。

在男装方面，类似的抱怨也不绝于耳：男士西装（尤其是三件套西装）对身体的限制且难以适应各种天气；紧扣的衣领和锁喉的领带；在商业场合被要求强制着装，很容易显脏且需要经常清洗的白衬衫；束身的腰带，或防止裤子下垂的跨肩背带；各式各样的帽子（如圆顶礼帽、洪

---

[1] 洛杉矶设计师哈里特·塞尔温（Harriet Selwyn）在20世纪80年代初推出了这样一个系列。最近，一些由设计师主导的公司开始尝试营销组合式服装，其名称包括单品（Single）、叠穿（Multiple）和套装（Units）。根据霍克斯温德（1988c）的说法，这些公司的相关系列"承诺摆脱熨衣板和时尚的束缚"。

[2] 在一些人看来（Janovy, 1991）看来，新组建的女子职业篮球联盟的女运动员所穿的紧身氨纶球衣就是如此。

堡毡帽、软帽和草帽)在夏天往往太热,也难以应对雨、风、严寒等恶劣天气;诸如此类。这种关于健康和健身的抱怨清单几乎和女装的一样长。值得注意的是,多年来予以补救的措施在很大程度上都被归入了"休闲"男装这一特殊类别。

然而,也许正是因为自18世纪以来,男装比女装在更大程度上抵制住了时尚的支配,这些反对意见从未获得类似19世纪中期的女装改革运动或今天的女性主义运动那样的意识形态力量(Wilson, 1985)。对于19世纪的服装改革家来说:

> 时尚是敌人。他们(体育专家)哀叹长裙的危险,抱怨其抑制运动的式样,不过重要的是他们向紧身胸衣发起了宣战。"到目前为止,我们女性最常见的困境(根据当时的一位体育专家)来自子宫位移和……肌肉的完全萎缩……紧身胸衣使其始终处于不活跃状态。"(Schreier, 1989: 97—98)

就像18世纪末和19世纪初两性之间达成的"文化协议"——不受时尚限制的男性着装规范代表着工作和节制;受时尚驱动的女性着装规范则代表着性吸引力、依赖性以及婚姻家庭生活(见第三章)——如果男性为了寻求更大的舒适感而随意地打破相关条款,那么这些规范可能很快就会瓦解。[1] 占主导地位的群体几乎总是为了维持现状而选择忍受一些不适和不便。

然而,对于那些认为自己在文化协议条款下处于不利地位的从属群体来说,情况却并非如此。19世纪50年代中期,阿梅莉亚·布卢默的服装直接源于反对当时中产阶级女性拘束、紧绷、臃肿、繁冗服装的改革运动,这些"激进"和"放荡"的服装在20世纪晚期看来却是内敛而淑女

---

[1] 从社会学的角度看,以色列男性通常穿的是不太受限制的、适应于环境的服装(例如开领短袖衬衫、无袖商业套装、宽松的衣服),其社会主义犹太复国主义的平等主义意识形态非常注重消除性别分层和隔离。有人反驳说,以色列男性的宽松着装完全是为了适应该国炎热的气候,但这与受英国影响的非洲和亚洲大部分地区保持相对严格的男性着装要求相矛盾。

的。当然，这些服装遭到了严厉的谴责和极大的失败（Lauer and Lauer，1981）。正如富特（Foote，1989：147）所解释的那样：

> 这一小群改革者相信当代关于男性和女性与生俱来的本性的言论。他们在自己的著作和演讲中运用了这种信念，以赢得更多受众对着装改革的支持。他们强调了时装对女性履行母职时的不健康和不适宜的方面。他们认为灯笼裤让女性更健康进而可以成为更好的母亲。他们还将新生儿死亡和患病的部分原因归咎于母亲不够健康的着装。

自阿梅莉亚·布卢默的时代以来，人们屡次试图复兴像她那样的服装，事实间歇性地证明了这种尝试有时比最初的还要成功。但是，人们还是倾向于将这类服装与女性运动服和团体运动服区分开来。因此，我们可以得出这样的结论：布卢默在19世纪中期呼吁以健康和健身的名义对女性着装进行全面改革，但在接下来的一个半世纪里，这一呼吁充其量只能说是部分实现了。

可以肯定的是，健康天然主义对女装改革的倡导是19世纪一场更大的乌托邦式社会运动的一部分，该运动认为只有回归所有"天然"的事物：食物、衣服、住所、娱乐、艺术和工艺，才能克服不断扩张的工业秩序中的腐败、污染和掠夺。这一回响在19世纪和20世纪之交的公共卫生运动中不绝于耳。时至今日，它经久不衰的精神仍为20世纪60年代后席卷北美和欧洲部分地区的健身热潮注入了活力，其相关的生活方式强调慢跑、不吸烟、减肥、运动和营养禁欲主义（Glassner，1989；Gusfield，1987）。当代健身时尚也在服装上引发了某些反时尚的表现，尽管有时会出现矛盾的趋势：一方面是宽松、肥大以及缺乏设计感（如棉质汗衫、宽松牛仔裤），另一方面则是光滑且极为贴身的（即"第二皮肤"）、图案活泼的服饰（如莱卡合成弹力纤维制成的紧身连体裤、紧身衣和骑行裤）。然而，当代以健身为灵感的反时尚与早期反时尚之间的一个主要区别在于，如今时尚界对异议和创新的接受速度比第二次世界大战之前要快得多,甚至热切得多。事实上,某些服装(如氨纶运动服)几乎无法辨别它始于时尚还是反时尚,但对于它在短期内是一种明确无误的"时尚"这一点是毋庸置疑的。

正如克朗(Kron,1984)所报道的那样,为了表明对健康和健身意识形态的重视,很多人在工作、上学和逛街时都穿上了这种衣服。(在有些地方,跑鞋实际上已经取代了正装鞋。)尽管如此,必须承认的是当代健康和健身服装的反时尚影响可能远不及一个半世纪以前"臭名昭著的"布卢默着装的影响。如今正如我们所见,时尚与海外的反时尚潮流保持着更为密切的关联。20世纪70年代中期,健康和健身的时尚刚流行起来,时尚界就对其进行了盗用并将其"风格化",声称自己拥有在健身房、慢跑跑道和自行车道上随处可见的混搭着装(Fraser,1981)。时尚以其特有的有恃无恐表明了对健康和健身的重视,就像最敬业的10公里长跑运动员和健康食品店的常客一样。但这种趋势发展到现在已逐渐式微,许多追求时尚的女性都在抱怨时尚不再为其提供关于身体的"善意的小谎言",而这些曾让她们"看起来很好"(Brubach,1990c)。

女性主义的抗议

作为女性主义者之抗议的反时尚不仅与健康和健身的天然主义反时尚完全一致,而且还几乎与功利主义的愤怒保持了一致,但它对时尚的反对实则更甚。除了对经济、身体健康和舒适度的考虑之外,这种反时尚主张还认为时尚以及西方的着装规范,是父权制制度几个世纪以来压迫女性,并将她们贬低为下层社会角色的一种既实际又充满象征性的主要手段。这一论调的根源可以追溯到19世纪,与此相关的争论也是层出不穷,而且迄今为止已经为人们所熟知了;在此仅稍作论述。[1]

鉴于时尚界的不公和墨守成规,女性总是面临着衣橱频繁更替的压力。为她们设计的系列款式(通常出自男性设计师之手)无止无休,但基本没有实用性可言。时尚的服装和配饰在穿着时通常需要花费大量

---

1 关于女性主义和时尚的更为全面的讨论,请参见Wilson,1985;Steele,1985。尽管他们对部分女性主义观点提出了异议。

的时间和精力。它们的清洁成本很高，而且需要花很多精力才能保持体面。所有这些都被视为对女性生活的一种投资，其严格程度有时让人啼笑皆非（Foltyn, 1989）。

此外，现代时尚对年轻、苗条、性感和色情的执着主要是为了弱化女性的其他面向，同时强化男性所青睐的面向，如性对象、妻子、母亲和家庭主妇等传统上被认可的角色。那些身材魁梧又肥胖的女性会更深刻地感受到时尚界对年轻和苗条的执念（Millman, 1980）。不仅时尚媒体对这样的女性视而不见，而且她们在正规服装店或那些迎合"大码"的服装店中找到合适的"时尚"着装的可能性也微乎其微，这些都是拜现代时尚对苗条、纤弱的女性形象的理想化所赐。需要注意的是，只有非常肥胖的男性才会遇到类似的问题，即很难找到在某种程度上算作"时尚"的合适着装。

相较于对女性的强迫，男性则相对不受时尚的支配，这进一步证明了时尚如何巧妙地服务于男性统治目的。总之，时尚在西方社会始终是社会机器——抑或统治话语，正如福柯（Foucault, 1980）所认为的那样——的典型组成部分之一，女性只能"安于其位"。

我怀疑，虽然女性主义者在所有基本的面向上都同意这样的分析，但就女性着装而言，她们之间似乎对于可以和应该做什么并未达成共识。事实上，在女性主义社会运动中似乎已发展出了一种类似于"结构性紧张"（Smelser, 1963）的状况。一些女性主义者要求女性完全摒弃时尚及其相关的习惯和态度。她们谴责女性对落伍的恐惧、对废话连篇的时尚杂志照单全收、对证明自己异性魅力的过分关注、一掷千金地购买广告美容产品，并以此延续了性和浪漫的刻板印象等。主张这一立场的人经常敦促女性大体上要穿得和男性一样。[1] 据说这将在很大程度上象征性地缩小性别差距。它鼓励女性将自己平日里被父权制性别规范所遮蔽乃至淹没的素质和能力展现出来。

---

[1] 如本书关于"性别与时尚"的一章（本书第三章）所示，自19世纪后半叶以来，女性的时装常常会，有时甚至是热切地挪用与男装单品相关的反时尚可能性。从一个意识形态鲜明的女性主义者的角度来看，这种对跨性别服装的谨慎尝试，无异于政治学家哈罗德·拉斯韦尔（Harold Lasswell）曾经提到的"部分合并的失败"（defeat through partial incorporation）。

143

其他女性主义者认为，女性接纳男装将为世界的父权制代表提供默认的合法性。她们不愿谄媚地屈从于男性的着装规范，而是希望女性穿一些全新的、不太受时尚左右的服装，这样既不会延续传统女性服装的角色劣势和软弱无力，也不会默许这样一种观念：男性对社会现实的建构（体现于他们的着装规范之中）是唯一可行的。这一立场的言下之意是坚信西方社会系统地压制了一系列根植于**女性**经验的独特价值观和态度（Foucault, 1980），如果允许这些价值观和态度浮出水面，那么将会极大地增进人类福祉。在这种观点下，女性的服装应该努力代表这些价值观和态度，并以此帮助她们在整个社会中充满活力。然而，鉴于这些价值观和态度在当代社会中被淹没了，人们对这种衣服的理想形式只留有模糊的印象。其实很有可能预兆已经现身于我们之间，而我们却浑然不觉。和许多文化产品一样，在它们获得活动的可识别的、独特的形式之前，可能还需要更多的时间和社会定义。

与此同时，自20世纪20年代以来，时装业本身也并非对女性主义者的抱怨和抗议置之不理。当然，维多利亚时代那些体积庞大、做工精细、负荷沉重的服装早已沦为女性需求的牺牲品，这在很大程度上是由19世纪和20世纪之交呼吁实用服装的女性主义者所引导的。自香奈儿问世以来，设计师们一直在宣扬他们对"现代活跃女性"的信仰，这类女性既没有耐心也没有精力整天慵懒地穿着华服。自20世纪50年代以来，他们甚至开始赞美那些自食其力的女性，她们自己搭车，四处旅行而不受伴侣或过分殷勤的男伴束缚，她们避免了卖弄风情和佯装脆弱，在追求浪漫时像男性一样坚定不移。

我采访过的两位设计师（一位是加州知名女性，另一位是享誉国际的男性）对女装的华丽装饰以及始终作为女装一部分的褶边表达了反感。这位男性以倡导中性服装而闻名。这位女性说道，由于当代女性运动带来的女性社会地位的变化，她预见到了"时尚的终结"。虽然这位女设计师在随后的采访中对此有所保留，但我认为他们的态度反映了女性主义观点在时尚创作中的渗透程度。尽管对将女性主义理念转化为实际的女装设计持谨慎态度——事实上，整个时尚产业都是如此——但如今没有任何一位声名卓著的设计师会假装对来自女性主义阵营的反时尚情绪漠不关心。[1]就算没有"时尚的终结",这些情感也会随着时间的推移而被纳入时尚的象征领域。

保守的怀疑主义

虽然从表达的角度上看,这种被我称为保守的怀疑主义反时尚形式可能是最平淡无奇的,但从经济上看,它的庞大规模却是不容小觑的。在这里,我指的是数百万女性时不时地对一种新时尚所进行的各式各样的抵制,这种抵制通常会完全扼杀新时尚,或使其被迫进行调整,从而极大地削弱新时尚的象征意义和视觉冲击力。正如前面的文章中已经展示的,这类例子不胜枚举,而且众所周知的是,它们给整个女装行业造成了巨大的经济损失:例如,20世纪20年代中期试图将裙摆下调至第一次世界大战之前的长度;20世纪70年代中期的中长裙;1987年突然尝试重新引入20世纪60年代风格的超短裙。

值得注意的是,保守的怀疑主义不像健康和健身的天然主义或女性主义的抗议那样受到意识形态的驱动。与其他形式不同的是,它除了坚持维系当时的既定风格之外,并不主张其他的着装选择。保守的怀疑主义者一般都是那些并非反对时尚本身,而是反对时尚行业、时尚媒体和其他各种"权威"在特定时期试图把某种新时尚强加给她们的女性。她们希望保持"流行"的状态,但又担心她们所反感的东西很快就会"大行其道",并要求她们彻底更换衣橱里的装束。她们的抵制往往来自某种不可名状的感觉,即新时尚"并不属于她们",一旦这种新时尚被大众所认可,她们就将被迫重新定义其自我形象,而这种新的形象与她们所认为的更持久、更不可塑的自我形象相冲突。[2]此外,她们的怀疑主义还受到了一种信念的支持,这种信念一半是希望,一半是信仰:还有很多人与

---

[1] 甚至连当今最著名的设计师伊夫·圣罗兰也被一些女性主义者认为是女性主义运动的先驱,因为在20世纪60年代末,他把裤子作为女性的高级时装。

[2] 正如本书第六章所指出的,顾名思义,一种新的时尚几乎总是会引发一些表象上的和或多或少固定的自我形象的冲突(Stone, 1962)。穿戴者的社会心理问题与其说是发生的问题,不如说是程度的问题。

她们抱有同样的想法，即时装业的宣传将无法让足够多的人接受新的风格，从而使其逃脱被认为不合时宜的困境。

　　针对这些女性的时尚界的宣传主要是：承诺、诱惑、安慰和慰藉等，所有这些都是为了让抵制者从新时尚"并不属于她们"的观点中抽离出来。这就形成了我在其他地方提到的一种话语风格，即时尚的修辞学上的慰藉。这种修辞的例证可以在时尚媒体上找到很多（虽然存在明显的矛盾之处），比如所提供的时尚"远不像它最初看起来那么极端"；又或者它会"突出被昨日的沉默风格所掩盖的迷人的你"；或者它"适合所有人"，因为它提供了"成为真正的自己的一种新的自由，不受别人对你是谁以及能成为谁的想法所束缚"。我承认，上述引文是我对时尚媒体上的长篇累牍说法的虚构复述。不过，以下的引语却是真实的：

　　　　"这是一种奇妙的新平衡"，纽约设计师罗纳德斯·沙玛斯克（Ronaldus Shamask）说，其简约、干净的系列融合了东方建筑元素。"人们不想成为时尚的牺牲品或经典。现在着装的唯一方式就是看起来像刚好穿了这件一样，"他说，"这是一种更淡然的魅力。"另一位纽约设计师波莫多罗（Pomodoro）称之为"一种对着装泰然处之的态度"。（Gross, 1988）

　　　　"服装是一场视觉盛宴，"他［杰弗里·比尼（Geoffrey Beene）］继续说道，"时尚应该是赏心悦目的，不一定要有新闻价值。变化应该循序渐进。我向来无法欣赏革命性的变化。"

　　　　从美学的角度看，比尼先生喜欢两种不同的风格：华丽和简约。

　　　　"两者都很棒，"他说，"没必要做出选择；这正是自由的意义所在。"

　　　　他认为夹克是长是短，衣服是合身还是廓形都不重要。这些都是细节。重要的还是个人风格。（Morris, 1988a）

　　作家杰米·沃尔夫（Jamie Wolf, 1980: 44）在对20世纪70年代末时尚界的"复古风格"的尖锐评价中，成功地将这种风格戏仿到了极致。

  毕竟在这片时尚的土地上，去年总是风云变幻的一年，衣服缺乏某种幻想的元素，它曾经可能又让人太过浮想联翩，款式有点过于华丽，但又有点单调；今年总算是尘埃落定、幻想终得以回归的一年，所有问题都迎刃而解，出现了一种全新的策略和精致的精神，新衣服再次令人兴奋——和以往一样令人兴奋——但最重要的是它非常耐穿。

我认为保守的怀疑主义者一开始并不愿意听这些花言巧语，就像他们不愿意接受新时尚本身一样。不过，如果最终只能屈服，此类言辞则可以让人们有理由认为，这种转变虽然可能不受欢迎，但却是不可避免的。

少数群体的去身份化

然而，至少在美国，随着种族意识、同性恋运动和女性运动的兴起，另一种反时尚运动也开始崭露头角，即对"少数群体的去身份化"。不同群体在构建其独特群体身份时，有意识的程度也各不相同，但这种反时尚运动的目的非常直白：通过着装和其他行为，将自身所处的亚群体与社会文化中占主导地位的群体区分开来。这些群体的成员在与主流文化相区别的同时，也意味着对那些被主流社会所贬损和诋毁的特征（如黑人、同性恋和肥胖症），宣扬一种新的自豪感，事实上，很多来自少数群体的成员在"意识觉醒"或"出柜"之前就是这样做的。

在少数群体去身份化的一些特殊案例中，如生活在美国大城市的哈西德派犹太人（Hassidic Jews），相关群体的独特着装数百年来基本保持不变。在这种情形下，正如阿米什人（Amish）或者说门诺派（Mennonites）这样的分离主义的、以农村为基础的宗教教派，穿着不仅证明了该群体与其宗教信仰的团结和统一，而且极具目的性地设置了与社会中的其他人互动的屏障，从而使该群体相对孤立和安全，免受世俗和其他形式的道德污染。

然而，这种反时尚的次级分类充其量只是一种边缘案例。例如，哈西德派犹太人对挑战在社会中占主导地位的着装规范的兴趣远远小于捍卫他们自己精心勾画的历史身份。不过对于其他种族和民族少数群体来说，情况并非如此，他们在同化方面缺乏类似的自我设限的障碍，因此其民族身份在抵御主流文化影响方面并没有那么牢固。在这种情况下，必须发明，或者从其几近遗忘的过去中重新挖掘不同的服装风格。美国激进的、具有种族意识的黑人爆炸头和花哨的阻特装就是后者的例证之一；20世纪40年代年轻的墨西哥裔美国人所穿的阻特装、悬垂的裤链和夸张的宽边帽，多多少少都是独立发明民族服饰风格的例证。[1]这些风格都承载着一种（也许是短暂的）文化挑战的光环，而并非像阿米什人、门诺派教徒和哈西德派犹太人那样孤立的宗教团体服饰。也许正因如此——比如，他们在社会学上与主流的亲缘性使其比宗教团体的狭隘着装风格更容易融入时尚/反时尚的辩证关系之中——源自美国城市黑人和各种西班牙裔群体的风格才"上浮"（当然是以经过改良的形式）至主流时尚之中（Field, 1970）。今天的同性恋亚文化与时尚界的各个分支都非常接近。[2]这使其特有的反时尚（如男士耳环、夸张的西式穿着、某些皮革造型以及紧身T恤）很容易被主流时尚所同化。[3]

当然，将独特的反时尚意识形态强加于人的做法会让某些少数群体成员在身份认同方面问题丛生。它也给多数群体成员带来了相关的身份认同和互动问题。对于前者来说，问题的关键在于某种独特的着装风

---

[1] 虽然与服装本身无关，但最近西海岸的墨西哥裔年轻人流行将底特律工厂生产的旧汽车改装成巴洛克风格的"低底盘汽车"（low rider），并配以复古的天鹅绒内饰和链环式方向盘，这可看作对20世纪40年代阻特装的身份定义的演绎。意料之中的是，"低底盘汽车"的象征力量来自它与非西班牙裔白人青年中流行的"高底盘赛车"（high rider）改装完全对立的事实。

[2] 这种密切联系的悲剧性证据是，据说时尚界死于艾滋病的人数特别高。因此，自20世纪80年代中期以来，美国和法国的时尚业始终非常积极地为艾滋病研究筹集资金，并向艾滋病患者提供帮助和支持也就不足为奇了。

[3] 安德鲁·科普金德（Andrew Kopkind, 1979）为这种表现提供了生动的例证："当拉夫·劳伦本月早些时候推出他的硬核西部服饰系列时，有几家商店构建了完整的西部环境以增强其设计的神秘感。布卢明代尔（Bloomingdale）百货公司为劳伦设计的环境是用粗糙的松木板制成的，装饰着牛马的挽具和轭、绳索、墙上的钉子，以及来自加州水果和农产品公司的古董海报。靴子作为装饰品被随意摆放着；同时展出的还有五颜六色的西部头巾。真正在西部却没有一家商店会像这样：事实上，布卢明代尔的精品店是'西部'同性恋酒吧的完美复制品，从钉子到彩色头巾都是如此。这传达了什么？也许只有商店的布景设计师才知道。"

格所维系的身份是否同时会导致其他人"与之保持距离",从而剥夺少数群体成员在民主社会中可能被视为理所当然的平等机会、认可和回报(参见 Davis, 1961)。对于多数群体成员来说,问题则恰恰相反:如何克服社会距离和"陌生感"并与少数群体"平等地"交往。

因此,鉴于在这些熟悉的遭遇中所经历的互动张力,即使主流社会群体对少数群体和亚文化反潮流的挪用十分有限且低调,也仍然可能有助于进一步实现社会关系的民主化。(当然,与此同时它也可能削弱其他少数群体成员所寻求的与众不同的社会身份。)多年前,乔治·赫伯特·米德(1934)曾记述了不同群体和民族之间得以共享的重要象征符号何以将在最终生成一种开明的民主世界秩序。在这一探索中,服装与法律、语言以及其他文化一样,都充当了一种重要的象征。

反文化的冒犯

反文化的反时尚超越了种族、民族和其他少数群体实体所采取的立场,其目标并不仅仅是通过着装为某些自我定义的亚文化群体制定一个独特的身份。反文化主义者还试图与社会上占主导地位的文化群体保持距离,削弱甚至丑化他们,即那些在现代通常(如果有些含糊的话)被称为资产阶级或中产阶级的文化群体(Davis, 1971)。20 世纪 50 年代"垮掉的一代"、60 年代的嬉皮士和现在的朋克(包括光头党、硬摇滚、重金属等各种不同的细分风格)都是这一类别最显著的例证,尽管"震惊资产阶级"(épater le bourgeois)的非传统穿着和其他形式的离经叛道行为在过去两个世纪以来的大部分时间里始终与欧洲和美国的波西米亚主义联系在一起。

嬉皮士着装方式中的长发、串珠、手链、流苏服饰,以及其他民俗服装所包含暗示,与 20 世纪 80 年代朋克的破洞牛仔裤、厚重的皮革、带链夹克、穿孔的脸颊、刺状发型和彩色染发一样,都坚决反对中产阶级的服饰(Davis, 1967)。两者都宣称要蔑视平淡无奇的中产阶级价值观,尽管前者是通过一种浪漫的田园主义来实现这一点的,而后者则更偏向于反乌托邦的虚无主义姿态。无论是哪种情况,正如预期的那样,许多"普通人"都对嬉皮士和朋克服饰在其面前展示的怪异自我表示了反感。

在现代西方民主国家所允许的各种反时尚形式中,反文化具有最强烈的象征意义。原因有以下几点,第一,在这几种反时尚形式中,它最直接地面对和挑战了主导时尚潮流的象征性霸权。它一头扎进了关于时尚的对话中,并试图通过反传统主义来揭穿和嘲弄主流模式,而不像此前讨论的其他反时尚那样仅仅提出了一些针对特定群体的替代方案。

第二,虽然反文化形式的反时尚往往起源于工人阶级、种族、社会偏差和其他多多少少处于不利地位以及被剥夺了权利的社会群体,但其主要推动力通常来自不满和叛逆的中产阶级青年(Levine,1984)。嬉皮士和朋克等反主流文化的表现为此提供了戏剧性的证据(Kopkind,1979;Hebdige,1979)。

尽管中产阶级青年的家长和其他权威人士对这种亵渎行为进行了谴责,但事实是这些年轻人与主流文化的关系比少数群体成员或社会边缘群体更为密切。这意味着中产阶级青年的反时尚冒犯行为与来自其他方面的冒犯相比,具有更多的文化意义,也更有说服力。(这更像是来自内部的颠覆,而不是来自外部的反对。)但鉴于反主流文化青年与主流中产阶级社会的密切关系,到20世纪70年代早期,成年中产阶级男女也开始身着某些特定的嬉皮士服饰(如男式串珠项链、金框眼镜、刺绣牛仔裤和高帮鞋),也就不足为奇了。类似地,对某些朋克风格的改良(如男士耳环、蓬乱的尖刺发型、"黑色的一切")也已经进入了主流时尚(Gross,1987c)。反主流文化中的"纯粹主义者"可能会对这些挪用的东西及其内部迎合这种"资产阶级轻浮举止"的人持怀疑态度;类似"出卖"和"商业主义"的指控也迅速得以升级。[1]然而,从另一个有利的角

---

[1] 从结构上讲,信徒的抗议与少数群体成员的抗议是一样的,后者对主流元素轻易挪用其独特的身份标签而感到愤怒。霍克斯温德(1988b)在报道纽约时装技术学院举办的关于朋克风格服饰的研讨会时写道:"挤满礼堂的300多名学生似乎非常关心所提出的问题,这些问题从现代商品化到艺术的'商品化',再到服装作为一种言论自由的形式。当斯蒂芬·斯普劳斯(Stephen Sprouse)先生在其着装上融合了朋克摇滚和流行音乐的影响时,他还被一名国际时装学院的学生批评说,他把朋克商业化了,作为展示他自己设计的时装的'广告'。斯普劳斯回答说:'我背后有一家大公司,这很好。我不是朋克的权威。我只是觉得它看起来很酷。'斯普劳斯先生的业务归CSI协会所有。"

第八章 反时尚：否定的变迁

反文化形式的反时尚成了职业网球界的时尚。爱德华·豪斯纳（Edward Hausner）拍摄/《纽约时报》照片。

度来看，这种挪用确实代表了一种象征性慰藉，以缓解西方社会周期性发生的严重代际冲突。

对于主流时尚而言，反文化形式的反时尚尤为突出的第三个原因在此前已有所提及：自19世纪和20世纪之交以来，时尚界的一些内容越来越多地与交际花、附庸风雅、波西米亚、社会性越轨、离经叛道和其他反文化形式相重叠。[1]齐美尔在其1904年那篇关于时尚的著名文章中已经

---

[1] 围绕已故的安迪·沃霍尔（Andy Warhol）所形成的小圈子是主流文化和反文化群体的边缘元素相互重叠的一个广为人知的例子。

151

敏锐地注意到了这一点。大约在1910—1940年间,时尚界和艺术界的交织在巴黎尤为明显。第一次世界大战前的设计师保罗·波烈和芭蕾舞大师迪亚吉列夫(Diaghilev)、香奈儿和诗人兼剧作家让·科克托(Jean Cocteau)、夏帕瑞丽和超现实主义画家萨尔瓦多·达利(Salvador Dali)之间的友谊和工作关系在当时的编年史中被广泛记载。重要的同步主义画家索尼娅·德劳内也于20世纪20—30年代设计了时装。

这并不是说在某个时代的著名时装设计师和主流艺术家之间的影响力流动等同于反文化群体对反时尚的特殊掌控。不过,正如19世纪晚期以来艺术先锋派的描述所证明的那样(Poggioli, 1968),在当今西方社会中,分隔各种"非传统"群体的边界是极具流动性和渗透性的。

因此,设计师,尤其是那些希望通过"特立独行"来为自己扬名立万的年轻设计师,无论是通过亲身体验这些领域中的不同思潮和实践,还是通过与这些领域的内部人士进行边缘但并不罕见的联系,都会利用在一个时代的反文化潮流中萌芽的非同寻常的文化产品和态度。再加上现代时尚近乎制度化的倾向,即在时尚的领域内为反时尚提供一席之地——这在当代设计师让-保罗·高缇耶、弗兰科·莫斯基诺和薇薇安·韦斯特伍德(Vivienne Westwood)等人身上体现得尤为明显;在克劳德·蒙塔纳和罗密欧·吉利(Romeo Giglio)的例子中则表现得更为低调一些——诉诸反文化形式的反时尚几乎是不可避免的。

结　　论

因此,时尚与反时尚的相互作用日渐强烈,而鉴于现代社会反时尚的诸多来源,这种互动比相关对立术语在最初所暗示的鲜明对立性还要更加广泛。虽然我们不能断言二者已经或即将发生某种融合——声称这种融合会削弱它们极为活跃的关系——但显而易见的是,我们所说的时尚进程及其无休止的更新和重塑都需要这二者才能维持。然而,预测时尚与反时尚的关系也会像过去那样延续,这同样可能是有失偏颇的。为了使反时尚履行其文化上的否定作用进而部分融入主流时尚体系,就需要有特色鲜明且根深蒂固的主流时尚来与其对抗。然而，随着20世纪60年代以来时尚多元主义的增长和扩散，正如我在其他方面所指出的那样，这种情况越来越少了。顺便说一句，正如布吕巴赫（1990a）敏锐指出的那样，这对时尚和反时尚都构成了很大的问题：

> 如果什么都行——如果一位女性可以在任何时候穿任何颜色、任何裙摆长度、任何款式——那就没什么是新鲜的了。（过去）一本时尚杂志可以告诉它的读者在某一季"留意粉色"，因为上一季他们还在考量蓝色、黄色或湖绿色，突然间，粉色又变得焕然一新了。但在没有共识的情况下，设计师们比以往任何时候都更难想出一个设计方向。难怪时尚不再像过去那样在普通人的日常生活中占据重要地位。也难怪设计师、编辑、艺术总监和广告文案撰写人都不知道如何让时尚的重要性再度凸显。

在当今可接受的时尚杂乱不堪的环境中，很难找到引人入胜的反时尚信息。反对的是什么？当主流时尚领域中已经存在反时尚姿态的合理替代时，反对意味着什么？朋克黑色的阴森气氛很快就与最时尚的精品店里走出来的东西几乎没什么不同；牛仔裤的无产阶级化，即经过多年的磨损和用棕色洗衣皂的大力洗涤而褪色，但是，如今在最近的"Gap"商店里可以轻易找到使用了酸性染色的类似产品。

因此，随着时尚本身被现代生活的多元化所驱使，进而走向更为多元和丰富的表达，反时尚亦是如此。然而，我们可能正在接近这样的节点，即风格的细分化已经走得太远，以至于不再适用于过去两个世纪以来的时尚与反时尚之间的辩证调整和修正。反时尚服饰所表现出来的有益的反对、冒犯和愤怒，从今以后可能不得不寻找其他不那么温和的渠道来表达了。

第九章 结论及若干补充

我已在本书中指出,服装确实具备传达信息的功能,但不是通过语言或文字;它所传达的内容主要与自我有关,且尤为关乎我们的社会身份,因为后者是由与性别、性特征、社会地位和年龄等要素相关的文化价值观所构成的;大约七个世纪以前,时尚周期兴起于西方社会并蓬勃发展至今。西方社会在其精心编码的时尚表征手段中融入了某些策略性的矛盾,其中最主要的矛盾,一方面是受世俗合法认可的对可能招致反感的事物的展示和赞誉,另一方面则是犹太-基督教关于谦逊和不信任财富的伦理,这两者截然相反;由这种以及类似编码的文化矛盾所引发的身份认同张力助长了西方时尚永无止境且不断反复的变化循环,尤其是(尽管并非唯一)与性别、性特征和社会地位相关的问题。此外,我还试图描述服装时尚周期的阶段性运动,指出在其发展过程中开始发挥作用的众多利益关系和社会进程,以及近几十年来这一周期所经历的变化。最后,我试图描述当代社会中反时尚的一些重要来源,并表明反时尚和时尚本身是如何相互依存的。然而,在这里,我也指出了时尚的多元化和时尚市场的快速全球化如何开始打破和偏移它们之间曾经泾渭分明的辩证关系。

当然,就这些论点及支持它们的数据而言,无论是在此处预先提出的还是那些在没有时间障碍的情况下可能被论及的论据都具有不同程度的复杂性。不过，最终我旨在确定的事实和尝试提出的观点在大多数情况下（如果不是所有情况下）都可以归结为经验问题。因此，它们涉及的事件、条件、偶然性和发展能力原则上都可以被证实或反驳，抑或如文化科学中更为典型的复杂论断那样，是二者的解释性综合。但是，前一段的断言和结论可能很快就会被推翻，这让我非常困扰，为了继续讨论本书的主要观点，我回避或只是粗略地涉及了几个比较难以捉摸的关键问题。

这些问题既没有小到可以直接忽视，也没有明显的经验性，以至于可以通过一些空洞的托词（比如将做进一步的研究等）来逃避。恰恰相反，我所考虑的问题触及了时尚现象的核心，尽管我是从有利的角度出发并在此基础上展开研究的，但到目前为止，处理这些问题仍显得困难重重。虽然并非完全缺乏经验性的实质内容，但我所提到的问题以更具示范性、解释性和道德评价性的方式呈现出来。它们与当代时尚的范围有关，与时尚在当代社会中占据突出地位所导致的文化提升和贬值有关，最终也与研究时尚的范式及其社会政治背景有关。这些领域显然相互交织且彼此重叠。因此，为了清晰起见，我不得不退而求其次地将它们分开讨论，这让我感到有些沮丧。

时尚的广度

一切都受时尚影响吗？人们不愿意这么想。但在过去的十年中，我曾多次向听众讲述时尚是如何在服装领域发挥作用的，以及人们如何不断地（尽管并非总是如此）渴望用其他东西取代现有的东西——除了变化本身之外，没有任何"好的理由"——昨天看起来引人注目的东西到了今天却变得不合时宜、面目可憎，如此等等，听众总是会说，"你知道，我的领域也是如此"或类似的话。而这些人源自的领域绝不仅局限于装饰艺术、美术或大众文化的某个分支。内分泌学家、计算机专家、法律学者和神学家也都有可能在其作品中提出同样的观点。

现在可以肯定的是，他们在各自领域观察到的现象是否与服装时尚领域发生的现象完全"相同"，这构成了一个真正的问题。无论这些其他领域发生变化的原因是什么，有一点是明确的，正如我们在许多不同的关联中所指出的，没有任何一个现代领域会像服装设计（或其他装饰艺术和行业）那样将有组织地进行变革作为其自身生存延续的基础。对时尚的痴迷，在一定程度上可以体现为个人电脑的桌面设计、时尚意大利餐厅的菜单列表，当然还可以是前卫画廊中展出的艺术作品等的背景，当涉及服装、化妆品和其他装饰品时，针对时尚的这种执着则体现为一种显著的前景，具有毫不掩饰的本质。

例如，当科学家们抱怨"时尚的奇思妙想"已经淹没了他们的研究领域时，他们很可能正在经历库恩（Kuhn, 1962）所说的该领域"范式转变"的某些影响，即一个概念体系被另一个概念体系所取代。虽然这与时尚变化存在着表面上的关联，但很难说是一回事。尽管设计师们时常喜欢高谈阔论，好像他们正在彻底改变着我们的对服装的看法，但作为规则的服装时尚往往并不关注因服装而产生的基本概念问题。这并不是说科学上的"范式转变"会阻碍相关时尚主题在过渡转型时期的存在；就像在纯时尚领域一样，在科学领域也总会有人想要"跃跃欲试"，这只是出于该领域的引领者正在做的事情（Fujimura, 1988）。此外，时尚界弃旧求新所产生的某些冒险感可能也伴随着科学领域的"范式转变"。同样，将之前的解释性模型总结为"老掉牙"而加以否定，也是一种与时尚相关的姿态。尽管如此，人们仍然很难证明时尚驱动的变革品味就是科学理论变革所涉及的全部，甚或是最重要的部分。（即使不是科学实证主义者，也会对这样的主张望而却步；社会建构主义者可能会发现它的武断同样令人不快。）

因此，尽管我同意布鲁默（1968：342）的观点，即"社会生活中的任何处于持续变化中的领域（正如今天的科学一样），都极易受到时尚的侵袭"，同时必须承认的是，实用性、简约性、功能性和客观衡量标准在科学和技术领域的重要性仍然远高于服装、室内设计、建筑和美术等领域，因为后者的主观品味被赋予了更大的自由度。因此，总的来说，作为一种分析议题,把科学中的"范式转变"(甚或理论和方法上的较小转变)与服装时尚完全等同起来是错误的,就像完全忽视在科学领域也可能出现类似时尚的现象一样。[1]

时尚:文化的赞助者还是掠夺者?

但是,如果过于谨慎地认为时尚在当下的科学和技术中扮演着极为重要的角色,那就等于忽略了时尚对其他许多能够发现时尚存在(虽然有时是令人不安的)的文化领域的影响问题(无论是好是坏)。当代几乎所有关于艺术(包括流行艺术和高雅艺术)、艺术市场、休闲的许多方面、营养和健康实践、政治情绪、宗教实践、心理治疗、家庭庆典和仪式、丧葬习俗等的讨论,在某种程度上都注定会记录下(通常是哀叹)时尚在该文化领域中的强大力量。时尚往往会被指控助长了肤浅的和虚假的东西,同时又破坏了实质和真实。(在这个可恶的阴谋中,反派的角色通常是由大众传媒尤其是电视来扮演的。)人们差不多可将其视为现代批评中最受欢迎的套路,以至于其本身就接近于一种反复出现的时尚。

当然,这种批判的姿态有着悠久的历史,至少可以追溯到工业革命和浪漫主义诗人的悲叹。在此后的两个世纪里,它在不同时期的民主民粹主义的保守派批评家和左翼马克思主义批评家中都大受欢迎。它目前的繁荣在很大程度上可以追溯到几位法国结构主义和后结构主义思想家(如巴特、鲍德里亚、利奥塔和詹姆逊),他们对时尚宣称取代后现实世代的"真实"和"严肃"而感到困惑和愤怒。具有讽刺意味的是,当代最犀利的服装时尚评论家之一,作家肯尼迪·弗雷泽对这一批评进行了特别尖锐的诠释。她谴责了一种文化杂食性的时尚感性对服装和装饰的天然场所(natural home)的入侵,她在下述引文中阐述了其文章的整

---

[1] 应用科学、医学尤其是其他健康领域可以为时尚在非装饰、非艺术领域中的发挥提供更好的理由(Burnum, 1987; Herzlich and Pierret, 1987; Sigerist, 1960)。我记得在我职业生涯早期,我曾访问过疗养医院,数十年来一波又一波的麻痹型脊髓灰质炎患者在那里接受了治疗。穿过治疗室和病房就像参观博物馆一样,博物馆里陈列着先后被废弃的脊髓灰质炎康复疗法,从水疗池到电刺激设备,从怪异的运动器械到精心设计的肌肉按摩装置。

体基调：

> 这种新的、看上去深思熟虑的、栩栩如生的时尚是由一代人（尽管不一定以年龄为划分依据，但他们共享着某种文化冲动）所培育的，他们的感知已经习惯了电视和电影中那转瞬即逝的画面，甚至常常被其所削弱，但他们也受过大学教育，对智性活动的感觉情有独钟，对学生时代的文学热情念念不忘。……这是表象、时尚和文化的天然市场。在文学方面，这个市场挑选出了最具有吸引力的作品，它可以让人产生拥有这些物品的幻想，也可以使他臣服并愉悦地沉浸其中。正如这个市场愿意接受客厅的装饰作为其内在的自我表达一样，它也倾向于接受艺术的装饰部分作为艺术的本质。

虽然弗雷泽所述的形象有足够的辨识度，并在知识分子中被认为是面目可憎的，但一系列悬而未决又难以回答的问题仍然存在，让人对弗雷泽及此前众多评论家所描绘的生动而又稍显势利的形象产生了怀疑。[1] 诚然，与第二次世界大战后的富裕时代之前相比，时尚敏感性已经辐射到了更多的文化领域，但这种侵蚀究竟有多么广泛和持续？是否所有领域（从烹饪艺术到新的计算机图形艺术）都同样屈服了，抑或由于其本质或是可能因为独特的历史环境影响了它们的实践、抵制、驯服或教育那种据说要用表象的依恋代替严肃的参与的冲动？在那些时尚发挥其致命效应的非服装领域，是否正如许多评论家所暗示的那样，一种文化"格雷欣法则"（Gresham's Law）总会落地生根，因此"坏时尚"驱逐了"好艺术"？

---

[1] 在弗雷泽看来，尤其令人震惊的是广告和媒体所宣传的时尚感已远远超出了服装、家具用品、度假地等范围，而是深入到一些更全面的"生活方式"概念，仿佛神话传说的精英举止、礼仪和行为可以通过购买某些规定的商品和服务从而在一夜间获得。[例如，奥斯卡·德拉伦塔和拉夫·劳伦的广告声称并非在售卖衣服和配饰，而是在兜售一种"格调"（life style）和"生活方式"（way of life）。]值得注意的是，对"**格调**"一词的挪用并非社会科学家们的专业话语中产生的概念第一次反过来困扰他们——"领袖魅力"、"新教职业伦理"、"他者导向"（通常被误解为"**外部**导向"）和"文化"等，类似的情况很多。

第九章 结论及若干补充

同样,这些问题虽然很难获得与之相关的确切数据,但这些问题大部分都涉及原则上可以回答的事实问题。而且,只要这类问题仍是从经验而非意识形态的角度进行处理的,正如赫伯特·甘斯(1974)所指出的那样,无论左派还是右派,都无法证明所谓文化衰落现象实际上已经发生(事实上,许多证据表明情况恰恰相反)。[1] 有时,流行观众与其"未开化"的品味的涌入所带来的审美挑战并没有取代高雅文化活动及其从业者和受众,而是使高雅文化活动重新焕发了活力。[2]

不过,在当今以消费为导向的发达资本主义社会中,这更像是在现有的品味层次上增加额外的品味层次。艺术家和观众在这一过程中形成了更为复杂的格栅结构。由此产生的生产者和消费者两端的工艺和品味的并置和重叠有助于提高品味层次之间的开放性和流动性。因此,在现代社会,对于那些执着于高雅审美标准的严肃艺术家来说,其作品既有高雅文化的一面,也有更受大众欢迎的一面并不罕见。[3] 同样,许多观众最初的欣赏水平可被称为"大众"或"商业",但他们会从更高层次的流行作品中获得审美洞见,并最终可能会选择更微妙和复杂的审美样式。

到此为止,我们的讨论主要涉及了以下重要问题,即时尚在当代文化中影响力的广度,以及因其所谓表象代替实质的做法而受害的公众规模。至于受众,应该予以指出的是,大众文化评论家们对即将出现的由媒体引发的启示而感到不知所措时,他们热衷于大肆夸大被时尚入侵高雅文化领域所诱惑的人数。例如,撇开时尚不谈,包括受过大学教育的大批美国人在内的绝大多数美国受众继续表现出对高雅文化的不屑一顾,他们更

---

[1] 毫无疑问,在甘斯的《流行文化与高雅文化》(*Popular Culture and High Culture*, 1974)一书中,他主要关注的是通过流行文化对高雅文化的影响来评估对流行文化的指控的有效性。从上述弗雷泽的论述中可以推断出,许多同样的指责也针对时尚界。虽然时尚和流行文化二者显然不是一回事,但它们腐蚀高雅文化产品和过程的方式是如此相似,以至于我认为在此处遵循甘斯的反驳路线也没有错。

[2] 一些艺术史学家声称,在20世纪60—70年代,很快占据美术馆和博物馆的"波普艺术"开始从平庸的流行插画和娱乐中寻求灵感时,这种现象就发生了。摇滚乐(以及此前的爵士乐)的类似融合也被认为丰富了严肃音乐和舞蹈的创作。

[3] 已故的阿隆·科普兰(Aaron Copland)和库尔特·魏尔(Kurt Weill)就是两个典型的例子。

159

喜欢观赏性的体育运动和"亲力亲为"的休闲活动，比如打猎和钓鱼。

更难以评估的是与在当今世界无比活跃的时尚敏感性的功能和社会后果相关的问题。它现在可以积极地扩展到服装和装饰以外的生活的许多领域，并且可以用于所有实际目的。但这是否意味着它已经颠覆并完全支配了它们？虚荣心引起的对肤浅的偏爱是时尚的弱点所导致的吗？它是否也能为个体提供其他或不同的目的？超越个体心理的界限，它在社会层面上对其他领域（美术、政治、宗教、教育等）的入侵除了贬低和腐蚀它们的道德和美学内容外，是否没有任何意义？

就其本质而言，这些问题很难得到肯定的回答，尽管偶尔会有涉及这些问题的公众舆论和市场研究数据。那么我们不妨假定，自古以来，无论时尚在何处介入，它都顺从地服务于虚荣和不公的目的。但这就是一切吗？我相信仅仅是我们对时尚的共同文化体验，以及对它在我们生活中所占据位置的任何公允的回顾，都能表明它有时也让我们了解到我们可能不会遇到的做法、态度和关注点，这对我们的生活产生了重要影响。[1] 其中一些原因可以归结于这样一种情况，即时尚的缔造者，无论他们在哪一领域工作（正如前一章所指出的那样），他们都往往与艺术、科学、政治和文化中的领先创意及进步元素密切关联。在为其各自的公众引领潮流的同时，他们也有意无意地将公众暴露在思想和情感的底层，这些思想和情感的底层在某些地方突破了更容易被同化的表象。因此，时尚不仅具有诱惑力，它还能引导人们进入他们原本会绕过的思想和经验的领域。

应该指出的是，这种对时尚的集体意义持不同意见的另类观点——来自马克思主义和保守主义的批评——并不像某些近来很青睐它的评论家所推断的那样，是最近才出现的（Lipovetsky, 1987; Wilson, 1985）。虽然这种观点源自一种与其当下所关联的传统（即后结构主义和解构主义）截然不同的社会分析传统，但赫伯特·布鲁默还是在其1969年的经典论文《时尚：从阶级区分到集体选择》中极具洞见地概述了这一观点的主要内容。布鲁默在文中指出，时尚是"在持续变化的世界中摆脱来

---

[1] 当前对生态和环境的关注就是一个明显的例子，偶尔也被嘲笑为"潮流"（trendy）。

自过去的束缚",是为"不久的将来有条不紊地做准备"。

> [时尚]培育和塑造了一群具有共同情感和品味的人。……这种具有共同情感和品味的人在主观方面类似于"话语世界"。与后者一样,它为共同对待世界以及处理和消化世界产生的经验提供了基础。一个灵活且不断自我重塑的共同品味群体,对于适应持续变化和发展的世界,其价值应该是显而易见的。(Blumer,1969a:290)

这一深刻的社会过程所牵涉的不仅仅是虚荣心和对表象的盲目迷恋,这一点同样也是显而易见的。

还需要予以评估的是,在过去,以及尤其是现在,时尚冲动在多大程度上充当了个人和群体表达的载体,充当了对全球消费文化日益标准化的象征物进行即兴创作、重新组合和分崩离析的框架。包括一些左派在内的作家(Appadurai,1990;Hebdige,1979)认为这是为数不多的抵制官僚主义、管理主义和墨守成规的渠道之一,后者主要源自一种跨国企业文化,其主要目的在于实现与标准化和抑制多样性相关的经济效益。具有讽刺意味的是,时尚为许多个人和群体(参见本书第八章)提供了这种表达的可能性,尽管在探索中使用的多数素材(例如,牛仔裤;米老鼠;可口可乐、麦当劳和耐克等标志性品牌;飞行员夹克;美国国旗;超大型底特律汽车)都是由跨国企业生产和推广的。当然,不同的是这些素材的象征性用途,以及它们在更具地方性和多样性的文化背景中获得的意义。

研究时尚:时尚体系模式与平民主义模式

时尚行为的变化使我们面临一个至关重要的问题,即我们应该如何研究时尚。要涵盖的现象学领域是什么?什么样的隐喻最适合捕捉它的运动和表现?哪些假设应该摒弃,哪些新假设值得鼓励?哪些学科以及学科分支最适合探索时尚的多种形态和面貌?

20世纪对时尚的研究(包括本研究的主要部分)在很大程度上都是

以我倾向于称为"时尚体系"(fashion system)的模式进行的。[1]无论学者们对时尚的来源和后果存在多大分歧（再次强调，一方面可以考虑凡勃伦和齐美尔，另一方面可以考虑弗吕格尔、布鲁默和巴特），其论点隐含的习以为常的比喻是其创新和调整向外辐射的相对独立的中心。有时，正如凡勃伦和齐美尔所指出的那样，影响力从中心向外围发展的扩散被认为是等级制的（参见涓滴理论）；而在其他时候则像布鲁默所说的那样，人们认为它更多是沿着水平方向发展。但无论哪种情况，创新中心的核心形象——以巴黎为典型，它拥有高度发达的高级时装机构，周围是（从社会学角度看）沉淀下来的、具有不同接受度的时尚消费者群体（无论这种沉淀的基础是什么）——都仍然牢固地得以保留。伴随着这一意象，人们心照不宣地认为时尚消费群体是国际化的，其品味和标准基本上处于欧洲中心文化的巨大阴影之下。此外，在服装领域，**时尚**一词仍然主要依附于女装，时尚的运动和监测几乎完全是指**女性**时尚。这并不是说作者们不知道或无视了它在其他领域的表现，而是出于贯穿本书的诸多原因，作为大众思想类别之一的时尚在19世纪中叶首先意味着女性时尚。

当代时装运动（甚至那些被局限于服装范围内的运动）能被这个时尚体系模式（人们倾向于称之为**经典**）所理解吗？毕竟，正是这种模式从根本上框定了20世纪时尚研究和学术研究的整个领域，包括（如我已经承认的那样）本研究目前的大部分工作。[2]我论及"本研究目前的大部分工作"是因为我发现在许多地方都需要提及时尚领域日益增长的多中心和多元性。尤为值得一提的是时尚界20世纪60年代以前对女性下摆长度、廓形、夹克宽度等表现出的痴迷。这一切构成了世界各地时髦女性所关注的风格。如今，这些细节对消费者来说已经不像以前那么重要了。这是否意味着时尚体系模式将被摒弃？如果是这样，那么是全部还是部分？

---

[1] 我使用的术语"时尚体系"与巴特（1983）尤为不同，巴特认为时尚体系指的是一组符号关系，这些符号关系源于服装之间的各种组合和替换。我自己的用法是指在时尚从创造者走向消费者的过程中，对其进行加工处理的各种机构（设计、展示、制造和销售）或多或少已经确立下来的既定做法。

[2] 尤其是本书关于时尚周期和时尚进程的章节（第六章和第七章）。如果没有时尚体系模式的支撑，我在那里的表述将毫无意义。

第九章　结论及若干补充

　　这个问题一半是经验性的，一半是范式性的，甚至可能是政治性的，因为以时尚体系模式为框架的考察往往会掩盖和排挤不易被同化的现象。因此，我们可以认为即使牺牲了时尚体系模式生成的某些数据和阐释，放弃该模式而采用其他模式，可能既具有启发性又对社会有益。从理论上说，这将是一种拯救以前被边缘化的现象，同时揭示当时占主导地位的模式无法观察到的趋势和关联的方法。

　　另一种模式已逐渐从时尚研究中崭露头角，尽管到目前为止尚未得到清晰勾勒，但我倾向于称之为——也许需要一个更好的术语——"平民主义"（populist）模式。这一术语在其他语境中屡见不鲜，用在此处似乎也恰如其分，因为那些明确地（抑或更多时候是含蓄地）对时尚现象采取非时尚或反时尚体系模式方法的作者（参见 Evans and Thornton，1989；Kaiser，1990；Jasper and Roach-Higgins，1987；Wilson，1985）很可能将非专业人士和社会群体的服装和造型创新视为时尚研究的分析材料。他们不太关心巴黎和米兰的问题，也不太关心这些问题如何在时尚消费者中传播，或许是因为他们对世界本身已经不那么感兴趣了，他们更关心的是青少年、女权主义者、退休社区的老年人、冲浪者和滑板爱好者、同性恋者、民族意识的倡导者、第三世界人民等，对服装、化妆品、珠宝、他们的身体和公共姿态所做的事情。这些群体的着装"表达了"什么？他们在外表上经常做出的改变如何反映了他们"生活的世界"中不断变化的张力和歧义？这些学者进而提出疑问，在全球经济中被销售的消费品日益同质化的背景下，这些群体和团体如何协商其身份以便更好地展示自己？此外，平民主义评论家并不认为这些商品经常被用作身份协商和塑造象征性形象的工具——例如，青少年穿上可口可乐和米老鼠的标志来装饰自己——这是其解读方式的缺陷。有人指出，与波普艺术类似，正是在那些针对人们过于熟悉的表象的陈词滥调中（出于反讽、讽刺或反转隐喻的目的），界定这些个人和群体身份的时尚创造力才最终被成功定位。

　　对于这些作者来说，时尚的概念范围并不像巴黎、米兰或纽约的世界知名设计师在媒体的大肆宣传下所宣称的那样。他们也没那么关注

163

那并不一定会紧随其后发生的风格扩散现象。相反，他们的注意力集中在草根阶层的穿戴者如何穿衣这件事情上。平民主义评论家敏锐地捕捉到了我之前所说的时尚领域新出现的多中心和多元化，他们发现后现代社会中确实存在着关于服装的"话语"。有些人被认为是在谈论彼此，而另一些人则被认为是在进行某种形式的象征性身份建构交流。[1]某些著名设计师不时地寻求借鉴和利用街头自发的时尚，这一点并未被平民主义评论家所忽视。但他们认为，这种借用的事实并不能证明继续在概念上依赖时尚体系模式是合理的，他们声称该模式已经过时了。

根据这些观察，在时尚持续发展的这一阶段，有多大的理由（或多或少地）可以让我们放弃在19世纪和20世纪之交的几十年中形成的"经典"时尚体系模式？（为了公平起见，我应该对上面提及的作者和其他许多认真撰写时尚论文的人说声抱歉，我认为放弃时尚体系模式是相关研究中的一种明显趋势，而不是任何固定的学派。据我所知，没有这样的学派。）在我个人看来，尽管本书已经关注到了许多变化，且其中一些重大变化从上世纪中叶开始就已经在时尚界发生了，但现在放弃（当然不是全部，也不是大部分）时尚体系模式还为时过早。正如我所说的，指出时尚体系模式的性别倾斜、欧洲中心主义、等级制起源是一回事；由此推断其本质上不适用于构成当代世界时尚的一大堆现象，则是另一回事。我们有很多理由不屈服于这种谬误；在此我仅提及最具说服力的理由。

首先，不可否认的是，拥有数十亿美元年收入的国际时尚集团拥有巨大的经济实力和全球影响力：圣罗兰、香奈儿、阿玛尼、克莱恩、劳伦、川久保玲等。如果不是出于从中心到外围的时尚体系模式的持续相关性，它们将难以维系，尽管该模式的经济结构已经发生了重大的内部转变。因此，在第二次世界大战之前，著名设计师纵然已经赢得了国际声誉，但其公司在全球范围内营销和利用其设计师品牌的能力还远不如现

---

[1] 在本书第八章中提到的在同性恋、朋克和主流文化之间的某些风格交流可以作为一个恰当的案例。

第九章　结论及若干补充

在这样复杂和成熟。[1]

无论如何，服装、化妆品、珠宝、香水和配饰的时尚仍然以比第二次世界大战之前大得多的规模，从西方的时尚之都（现在也包括东京）向外辐射，一直辐射到经济发达地区和发展中地区的腹地。在这一过程中，他们在市场上的命运仍然受制于消费者接受、拒绝和窜改时尚的偶发事件的影响，就像许多业内人士现在回顾时装周期的经典时代一样（大约是20世纪上半叶）。然而，他们的怀旧与其说源于周期的崩溃，不如说来自时尚所呈现的无限复杂、包罗万象和不可预测的形式。

其次，来自巴黎的单一女性时尚不再像以前那样抢占时尚的风头，这一事实无法得出这样的结论，即巴黎和其他时尚之都的问题对理解大众时尚行为影响甚微。此外，虽然自20世纪60年代以来，著名设计师确实越来越多地借鉴街头时尚，但这本身并不意味着源自时尚之都的创意火花的消失（从概念上讲，必须将时尚之都视为处于中心到外围的时尚体系模式的核心）。斯特拉文斯基（Stravinsky）、米约（Milhaud）、普朗克（Poulenc）和其他20世纪的作曲家也借鉴了当时的拉格泰姆（ragtime）、爵士、探戈和卡巴莱（cabaret）音乐。这会让他们在这种借鉴的基础上创作的音乐缺乏创造性或原创性吗？

最后，虽然有充分的理由表明男装时尚在近几十年来越来越多地出现在人们的视线中，这可能是女性主义运动引发的对性别角色严格审查的一个分支，但几乎没人会声称这种发展已经达到了与女装同样的流行程度，抑或更通俗地说，在资本投资范围上几乎与现在仍致力于女性时装的投资相同。对于街上的普通人来说，**时尚**这个词更容易让人联想到女性而非男性，而对于服装专业的学者来说，这种联想的程度只是略小一点。

---

1 我想到的是复杂的分包、名称授权、特许经营、分支机构和附属产品线安排，通过这些形式，著名的时装公司设法生产、分销他们的品牌产品，并将其推广到世界各地（Lardner, 1988）。霍克斯温德（1991d）表示，例如，卡尔文·克莱恩公司目前在市场上有三款香水，每款香水在广告中都与设计师的名字密切相关。然而，它们不是由克莱恩自己的公司生产的，而是由跨国公司联合利华的"全资子公司"生产的，"该公司被克莱恩先生授权使用他的名字"。克莱恩不仅从联合利华销售"他的"香水中获得丰厚的回报（据估计1990年为3亿美元），而且联合利华价值约4 000万美元的广告宣传对克莱恩自己的产品系列所产生的"光环"效应也是相当可观的。

总之,当人们想到当今世界的时尚时,脑海中会浮现出太多的现象,这使得学者几乎不可能完全摒弃时尚体系模式。这并不是说,呼吁采用更具文化差异、非欧洲中心、性别平衡的方法来研究时尚是毫无意义的。事实上,今天的服装有很多来自国外的元素,其中一些已在本书中提及,它们确实符合替代时尚系统模式的新范式所代表的自发和平民主义特点。然而,在人们认为的主流时尚中,还有更多的事情正在发生,且平民主义模式无法理解这些事情,此时,就需要传统时尚体系模式为之提供理论基础。

我认为,尽管这两种模式的适用性与适用范围并不相称,但这两种模式的并置以一种矛盾的方式反映出了许多评论家所指出的后现代时期世界经济与文化认同之间明显对立的关系(Mehan, 1991)。一方面,各国人民在经济、环境、信息和技术领域的全球相互依存关系迅速增强(有时甚至是极为迫切的),并在其生活中发挥着巨大作用。另一方面,各种形式的地方主义、地区主义和特殊主义(从纯粹的意识形态到种族、亚文化和宗教)都不可抑制地涌现出来,不禁让人们对现代民族国家的合理性产生了疑问。然而,人们会明显地感觉到如果没有前者,后者就不可能发生。这是否由于某些被削弱的极端地区对全球化中心的入侵产生了不可避免的敌对反应,抑或是否充当了某种更高级的社会政治逻辑演变的证据,在这种逻辑中,中心的灵活性是由外围更大的多样性所维持的,这些都很难说。当然,这肯定是一个远超出本书范围的问题。

无论如何,这种发展与当代时装现象在形式上的相似性是显而易见的。一方面,我们看到极为强大、高度整合的企业单位的出现,这创造并推动了时尚商品的全球市场。另一方面,我们遭遇到了名副其实的地方性的,有时是极其短暂的各种着装倾向和风格的不和谐之音,每一种风格都松散地依附其自身的特点,无论是一种亚文化、一个年龄段、一种政治信仰、一种民族身份或别的什么。就像全球社会政治悖论一样,这是否意味着从中心到边缘的时尚体系模式向仍处于萌芽阶段的平民主义模式的某种不可逆转的过渡,抑或它是否证明了两者之间存在某种受"更高级逻辑"支配的共生关系,都不得而知。因此,就目前而言,将两种模式都放在手边似乎才是明智之举。

参考文献

Abrams, Gary. 1983. "Lore Caulfield: Sexy Lingerie the Antidote for Career Dressing." *Los Angeles Times,* April 29.

Anspach, Karlyne. 1967. *The Why of Fashion*. Ames: Iowa State University Press.

Appadurai, Arjun. 1990. "Disjuncture and Difference in the Global Cultural Economy." *Public Culture* (Fall): 1–24.

Ashley, Iris. 1972. " 'Coco.' " In Lynam 1972.

Auden, W. H., and Louis Kronenberger. 1962. *The Viking Book of Aphorisms*. New York: Dorset.

Back, Kurt W. 1985. "Modernism and Fashion: A Social Psychological Interpretation," in Michael R. Solomon, ed., *The Psychology of Fashion*. Lexington, Mass.: Heath.

Barber, Bernard. 1957. *Social Stratification*. New York: Harcourt, Brace & Co.

Barthes, Roland. 1983. *The Fashion System*. Translated by Matthew Ward and Richard Howard. New York: Hill and Wang.

Batterberry, Michael, and Ariane Batterberry. 1977. *Mirror, Mirror*. New York: Holt, Rinehart and Winston.

Baudrillard, Jean. 1984. "La Mode ou la féerie du code." *Traverses* 3 (October): 7–19.

Becker, Howard S. 1982. *Art Worlds*. Berkeley: University of California Press.

Belasco, Warren A. n.d. "Mainstreaming Blue Jeans: The Ideological Pro-

cess, 1945–1980." Unpublished.
Bell, Daniel. 1976. *The Cultural Contradictions of Capitalism.* New York: Basic Books.
Bell, Quentin. 1947. *On Human Finery.* London: Hogarth Press.
Berger, Arthur Asa. 1984. *Signs in Contemporary Culture.* New York: Longman.
Bergler, E. 1953. *Fashion and the Unconscious.* New York: Brunner.
Bernstein, Basil. 1964. "Elaborated and Restricted Codes," in J. Gumperz and D. Hynes, eds., "The Ethnography of Communication." *American Anthropologist* 66 (2): 55–69.
Blumberg, Paul. 1974. "The Decline and Fall of the Status Symbol." *Social Problems* 21 (4): 480–97.
Blumer, Herbert. 1968. "Fashion." *International Encyclopedia of the Social Sciences.* New York: Macmillan.
———. 1969a. "Fashion: From Class Differentiation to Collective Selection." *Sociological Quarterly* 10 (Summer): 275–91.
———. 1969b. *Symbolic Interactionism, Perspective and Method.* Englewood Cliffs, N.J.: Prentice-Hall.
———. 1984. Letter to author, Aug. 14.
Bogart, Anne. 1989. "Lid Edelkoort, Trend Forecaster." *New York Times,* Oct. 30.
Boodro, Michael. 1990. "Art and Fashion, a Fine Romance." *Art News,* Sept.
Bordo, Susan. 1990. "Reading the Slender Body," in Mary Jacobus et al., eds., *Body/Politics.* New York: Routledge.
Bourdieu, Pierre. 1984. *Distinction.* Translated by Richard Nice. Cambridge, Mass.: Harvard University Press.
Bourdieu, Pierre, and Yvette Delsaut. 1975. "Le Couturier et sa griffe." *Actes de la recherche en sciences sociales* 1 (Jan.): 7–36.
Brantley, Ben. 1984a. "Gaultier: Court Jester of Paris." *W* magazine, May 18–25.
———. 1984b. "On the Wild Side, on the Seine Side." *W* magazine, Oct. 19–26.
Brenninkmeyer, Ingrid. 1963. *The Sociology of Fashion.* Winterthur, West Germany: Verlag P. G. Keller.
Brubach, Holly. 1986. "The Hunger for Hermes." *Atlantic,* Dec.
———. 1988. "In Fashion." *New Yorker,* Sept. 10.
———. 1989a. "In Fashion, School of Chanel." *New Yorker,* Feb. 27.
———. 1989b. "In Fashion, between Times." *New Yorker,* April 24.
———. 1989c. "In Fashion, Visionaries." *New Yorker,* Aug. 28.

———. 1990a. "In Fashion, Forward Motion." *New Yorker,* June 25.
———. 1990b. "In Fashion, a Certain Age." *New Yorker,* Nov. 5.
———. 1990c. "In Fashion, Retroactivity." *New Yorker,* Dec. 31.
———. 1991. "In Fashion, the Eye of the Beholder." *New Yorker,* June 10.
Burke, Kenneth. 1959. *Attitudes toward History.* Boston: Beacon Press.
Burnum, John F. 1987. "Medical Practice à la Mode: How Medical Fashions Determine Medical Care." *New England Journal of Medicine* 317, no. 19 (Nov. 5): 1220–22.
Bush, George, and Perry London. 1960. "On the Disappearance of Knickers: Hypotheses for the Functional Analysis of Clothing." *Journal of Social Psychology* 51 (May): 360–61.
Calvino, Italo. 1985. *Mr. Palomar.* San Diego: Harcourt Brace Jovanovich.
Chambers, Ian. 1986. *Popular Culture, the Metropolitan Experience.* London: Methuen.
Cocks, Jay. 1985. "The Man Who's Changing Clothes." *Time,* Oct. 21.
Coleridge, Nicholas. 1988. *The Fashion Conspiracy.* New York: Harper and Row.
Cone, Edward, and Lisa Scheer. 1990. "Future Chic." *Avenue,* Jan.
Culler, Jonathan. 1976. *Ferdinand de Saussure.* Glasgow: William Collins Sons.
Cunningham, Bill. 1988. "Couturist Class." *Details,* Nov.
Davis, Fred. 1961. "Deviance Disavowal, the Management of Strained Interaction by the Visibly Handicapped." *Social Problems* 9 (2): 120–32.
———. 1967. "Why All of Us May Be Hippies Someday." *Transaction,* Dec.
———. 1971. *On Youth Subcultures, the Hippie Variant.* New York: General Learning Press.
———. 1979. *Yearning for Yesterday, a Sociology of Nostalgia.* New York: Free Press.
———. 1982. "On the 'Symbolic' in Symbolic Interaction." *Symbolic Interaction* 5 (Spring): 111–26.
———. 1991. "Herbert Blumer and the Study of Fashion, a Reminiscence and Critique." *Symbolic Interaction* 14, no. 1 (Spring): 1–21.
Davis, Murray S. 1983. *Smut, Erotic Reality/Obscene Ideology.* Chicago: University of Chicago Press.
De Gennaro, Ralph. 1986. "The Tuxedo, One Hundred Years of Elegance." *New Yorker,* Sept. 8.

Descamps, Marc-Alain. 1979. *Psychosociologie de la mode.* Paris: Presses Universitaires de France.

Dionne, E., Jr. 1983. "A Salute to Saint Laurent, the Man behind the Mystique." *New York Times Magazine*, Dec. 4.

Dior, Christian. 1957. *Dior by Dior.* London: Weidenfeld and Nicolson.

Donovan, Carrie. 1983. "A Question of Self-expression." *New York Times Magazine*, Dec. 18.

Duka, John. 1984. "Skirts for Men? Yes and No." *New York Times*, Style section, Oct. 27.

Dyansky, G. Y. 1985. "Lagerfeld, Baroque to his Bones." *Connoisseur*, Dec.

Eco, Umberto. 1979. *A Theory of Semiotics.* Bloomington: Indiana University Press.

Empson, William. 1953. *Seven Types of Ambiguity.* London: Chatto and Windus.

Enninger, W. 1985. "The Design Features of Clothing Codes." *Kodias/Code* 8 (1–2): 81–110.

Evans, Caroline, and Minna Thornton. 1989. *Women and Fashion.* New York: Quartet Books.

Field, George A. 1970. "The Status Float Phenomenon, the Upward Diffusion of Fashion," in George B. Sproles, ed., *Perspectives of Fashion.* Minneapolis: Burgess, 1981.

Flügel, J. C. 1930. *The Psychology of Clothes.* London: Hogarth Press.

———. 1945. *Man, Morals, and Society.* London: Penguin.

Foltyn, Jacques Lyn. 1989. *The Importance of Being Beautiful.* Unpublished Ph.D. dissertation, University of California, San Diego.

Foote, Shelly. 1989. "Challenging Gender Symbols," in Claudia B. Kidwell and Valerie Steele, eds., *Men and Women, Dressing the Part.* Washington, D.C.: Smithsonian Institution Press.

Forty, Adrian. 1986. *Objects of Desire: Design and Society, 1750–1980.* London: Thames and Hudson.

Foucault, Michel. 1980. *Power/Knowledge: Selected Interviews and Other Writings.* New York: Pantheon.

———. 1985. *The History of Sexuality*, vol. 1. New York: Vintage.

Fox-Genovese, Elisabeth. 1978. "Yves Saint Laurent's Peasant Revolution." *Marxist Perspectives* 1, no. 2 (Summer): 58–93.

Fraser, Kennedy. 1981. *The Fashionable Mind.* New York: Knopf.

Freud, Sigmund. 1918. *Totem and Taboo.* New York: Moffat, Yard.

Friedmann, Daniel. 1987. *Une Histoire du blue jean.* Paris: Ramsay.

Fujimura, Joan. 1988. "The Molecular Biological Bandwagon in Cancer

Research." *Social Problems* 35:261–83.

Gans, Herbert. 1974. *Popular Culture and High Culture.* New York: Basic Books.

Geertz, Clifford. 1973. *The Interpretation of Cultures.* New York: Basic Books.

Glassner, Barry. 1989. "Fitness and the Postmodern Self." *Journal of Health and Social Behavior* 30, no. 2 (June): 180–91.

Goffman, Erving. 1951. "Symbols of Class Status." *British Journal of Sociology* 2 (Dec.): 294–304.

———. 1959. *The Presentation of Self in Everyday Life.* Garden City, N.Y.: Doubleday.

———. 1963. *Stigma.* Englewood Cliffs, N.J.: Prentice-Hall.

Goldern, Tim. 1991. "Raiders Chic: A Style with Sinister Overtones." *New York Times,* Feb. 4.

Goldstone, Nancy Bazelon. 1987. "Hers: Reclothing the Woman in the Gray Flannel Suit." *New York Times,* Jan. 22.

Goodwin, Betty. 1989. "Screen Style: A Thrifty Woman's Guide to the Sexy and Sensual." *Los Angeles Times,* Nov. 8.

Gottdiener, Mark. 1977. "Unisex Fashion and Gender Role Change." *Semiotic Scene* 1, no. 3 (Sept.): 13–37.

Gray, Francine du Plessix. 1981. "The Escape from Fashion." *The Dial* 2, no. 9 (Sept.): 43–47.

Green, Peter. 1985. "Fashion Forecasters Flirt with the Future." *New York Times,* July 9.

Grindering, M. P. 1981. "The Trouble with Fashion Is . . . ," in George B. Sproles, ed., *Perspectives of Fashion.* Minneapolis: Burgess.

Gross, Michael. 1986a. "Moschino: A Designer of Impertinence in Milan." *New York Times,* Oct. 9.

———. 1986b. "Notes on Fashion." *New York Times,* Oct. 21.

———. 1987a. "Notes on Fashion." *New York Times,* March 17.

———. 1987b. "Notes on Fashion." *New York Times,* Oct. 20.

———. 1987c. "Effervescent Betsey Johnson." *New York Times,* Nov. 3.

———. 1988. "Changing of the Guard." *New York Times,* Nov. 28.

Gusfield, Joseph. 1963. *Symbolic Crusade.* Urbana: University of Illinois Press.

———. 1987. "Nature's Body, Metaphors of Food and Health." Unpublished.

Harris, Ron. 1989. "Children Who Dress for Excess." *Los Angeles Times,* San Diego County section, Nov. 12.

Hawkes, Terence. 1977. *Structuralism and Semiotics.* Berkeley: University of California Press.

Hawkins, Timothy. 1978. "For Men." *Los Angeles Times*, Fashion 78 section, Dec. 8.

Hebdige, Dick. 1979. *Subculture, the Meaning of Style*. London: Methuen.

Herzlich, Claudine, and Janine Pierret. 1987. *Illness and Self in Society*. Translation of *Malades hier, malades d'aujourd'hui* by E. Forster. Baltimore: Johns Hopkins University Press.

Hochswender, Woody. 1988a. "Patterns." *New York Times*, April 3.

———. 1988b. "Punk Fashion Revisited." *New York Times*, Sept. 27.

———. 1988c. "The Multiple Choice Answer to the Question, 'What to Wear?'" *New York Times*, Oct. 18.

———. 1988d. "Patterns." *New York Times*, Oct. 25.

———. 1988e. "Patterns." *New York Times*, Nov. 1.

———. 1989a. "In Paris, the Sultans of Style Twiddle and Twitter." *New York Times*, March 23.

———. 1989b. "Patterns." *New York Times*, April 18.

———. 1989c. "Patterns." *New York Times*, Oct. 24.

———. 1989d. "Patterns." *New York Times*, Nov. 14.

———. 1991a. "Patterns." *New York Times*, Jan 1.

———. 1991b. "Patterns." *New York Times*, Jan. 8.

———. 1991c. "An Earthy, Outdoors Look for Men's Clothes." *New York Times*, Feb. 6.

———. 1991d. "Patterns." *New York Times*, March 5.

———. 1991e. "Patterns." *New York Times*, June 4.

Hockett, C. F., and S. A. Altmann. 1968. "A Note on Design Features," in T. A. Sebeok, ed., *Animal Communication*. Bloomington: Indiana University Press.

Hofmann, Deborah. 1990. "New Urbanity for Denim and Chambray." *New York Times*, Sept. 24.

Hollander, Anne. 1980. *Seeing through Clothes*. New York: Avon.

———. 1985. "Dressed to Thrill." *New Republic*, Jan. 18.

Horowitz, R. T. 1975. "From Elite Fashion to Mass Fashion." *Archives Européenes de sociologie* 16 (2): 283–95.

Janovy, Jena. 1991. "The Spandex League." *New York Times*, March 6.

Jasper, Cynthia R., and Mary Ellen Roach-Higgins. 1987. "History of Costume: Theory and Instruction." *Clothing and Textile Research Journal* 5, no. 4 (Summer): 1–6.

Joseph, Nathan. 1986. *Uniforms and Nonuniforms*. New York: Greenwood Press.

Kaiser, Susan B. 1985. *The Social Psychology of Clothing.* New York: Macmillan.

———. 1990. "Fashion as Popular Culture: The Postmodern Self in the Global Fashion Marketplace." *The World and I* (July): 520–29.

Kidwell, Claudia Brush. 1989. "Gender Symbols or Fashionable Details," in Claudia B. Kidwell and Valerie Steele, eds., *Men and Women, Dressing the Part.* Washington, D.C.: Smithsonian Institution Press.

King, Charles W. 1981. "Fashion Adoption: A Rebuttal to the 'Trickle Down' Theory," in George B. Sproles, ed., *Perspectives of Fashion.* Minneapolis: Burgess.

Kinsley, Michael. 1983. "Dressing Down." *Harper's,* Feb.

Klapp, Orrin. 1969. *Collective Search for Identity.* New York: Holt, Rinehart and Winston.

Konig, René. 1973. *A la Mode.* New York: Seabury.

Kopkind, Andrew. 1979. "Dressing Up." *Village Voice,* April 30.

Kovats, Edith. 1987. "Couture et création." *Sociétés* 13 (March–April): 17–20.

Kroeber, A. L. 1919. "On the Principle of Order in Civilization as Exemplified by Changes in Fashion." *American Anthropologist* 21 (July): 235–63.

Kron, Joan. 1984. "Sneakers Gain as a Symbol of Commuting." *Wall Street Journal,* Oct. 17.

Kuhn, Thomas S. 1962. *The Structure of Scientific Revolutions.* Chicago: University of Chicago Press.

Kunzle, David. 1977. "Dress Reform as Anti-Feminism, a Response to Helene E. Roberts's 'The Exquisite Slave: The Role of Clothes in the Making of the Victorian Woman.'" *Signs* 2, no. 3 (Spring): 570–79.

———. 1980. *Fashion and Fetishism.* Totawa, N.J.: Rowman and Littlefield.

Lang, Kurt, and Gladys Engel Lang. 1961. *Collective Dynamics.* New York: Crowell.

Lardner, James. 1988. "Annals of Business, Global Clothing Industry," parts 1 and 2. *New Yorker,* Jan. 11 and 18.

Lauer, Robert, and Jeanette Lauer. 1981. *Fashion Power.* Englewood Cliffs, N.J.: Prentice-Hall.

Laver, James. 1937. *Taste and Fashion, from the French Revolution until Today.* London: George G. Harrap & Co.

———. 1969. *A Concise History of Costume and Fashion.* New York: Scribner's.

Le Bon, Gustave. 1896. *The Crowd.* London: Ernest Benn Ltd.

Levine, Bettijane. 1984. "Tale of Two Cities: Who Wears What?" *Los Angeles Times*, View section, April 1.
Levine, Donald N. 1985. *The Flight from Ambiguity*. Chicago: University of Chicago Press.
Lipovetsky, Gilles. 1987. *L'Empire de l'éphémère*. Paris: Editions Gallimard.
Lofland, Lyn H. 1973. *A World of Strangers*. New York: Basic Books.
Los Angeles County Museum of Art. 1983. Guide to the exhibit *An Elegant Art, Fashion and Fantasy in the Eighteenth Century*.
Louie, Elaine. 1987. "In Schools, Fashion Is Whatever Is 'Fresh.'" *New York Times*, Sept. 22.
Lowe, Elizabeth D., and John W. G. Lowe. 1985. "Quantitative Analysis of Women's Dress," in Michael R. Solomon, ed., *The Psychology of Fashion*. Lexington, Mass.: Heath.
Lurie, Alison. 1981. *The Language of Clothes*. New York: Random House.
Luther, Mary Lou. 1990. "The Long and the Short of It." *Memories*, Feb.–March.
Lynam, Ruth, ed. 1972. *Couture*. Garden City, N.Y.: Doubleday.
MacCannell, Dean, and Juliet Flower MacCannell. 1982. *The Time of the Sign*. Bloomington: Indiana University Press.
Massachusetts Institute of Technology. 1982. Catalogue for the exhibition *Intimate Architecture, Contemporary Clothing Design*. Hayden Gallery, May 15–June 27. Cambridge, Mass.
McColl, Pat. 1982. "Designers Look to Past for Inspiration." *Los Angeles Times*, View section, July 29.
McCracken, Grant. 1985a. "Clothing as Language: An Object Lesson in the Study of the Expressive Properties of Material Culture," in Barrie Reynolds and Margaret Stott, eds., *Material Anthropology*. New York: University Press of America.
———. 1985b. "The Trickle-Down Theory Rehabilitated," in Michael R. Solomon, ed., *The Psychology of Fashion*. Lexington, Mass.: Heath.
Mead, George H. 1934. *Mind, Self, and Society*. Chicago: University of Chicago Press.
Mehan, Hugh B. 1991. "Global Economy and Local Identity." Talk presented at Multicultural Diversity Symposium, University of California, San Diego, April 12.
Meyersohn, Rolf, and Elihu Katz. 1957. "Notes on a Natural History of Fads." *American Journal of Sociology* 62, no. 6 (May): 594–601.

Milbank, Caroline R. 1990. "When Your Own Initials Are Not Enough." *Avenue*, Oct.

Millman, Marcia. 1980. *Such a Pretty Face*. New York: Norton.

Molloy, John T. 1977. *The Woman's Dress for Success Book*. New York: Warner.

Morris, Bernadine. 1986. "Viewpoints: Three Fashion Capitals." *New York Times*, Oct. 28.

———. 1987a. "Three Who Redirected Fashion." *New York Times*, Feb. 24.

———. 1987b. "In Paris, the Past Inspires Couture." *New York Times*, July 29.

———. 1987c. "Lighthearted Couture: Short, Sexy, and Shapely." *New York Times*, Aug. 4.

———. 1988a. "For Geoffrey Beene, 25 Years at the Top." *New York Times*, May 10.

———. 1988b. "Harvey Berin Obituary." *New York Times*, Dec. 1.

———. 1989a. "At Paris Shows, Shorter Was Better." *New York Times*, March 28.

———. 1989b. "For Spring, Patches of Strategically Sited Bare Skin." *New York Times*, Nov. 21.

———. 1990a. "Lagerfeld Camouflages Fur with Silk, Velvet, and a Twist." *New York Times*, March 8.

———. 1990b. "Armani: Classic and Sensual." *New York Times*, March 9.

———. 1990c. "Kaleidoscope of Styles as Designers Search for a Look for the 90's." *New York Times*, March 27.

———. 1990d. "In Versace Shop, Theatre Lives." *New York Times*, April 24.

———. 1990e. "In London, 60's Return, but Softer." *New York Times*, Oct. 16.

———. 1991. "Uneasy over Hems, Designers Mingle the Short and Long." *New York Times*, Feb. 5.

Moulin, Raymonde. 1984. "Les Intermittences économiques de l'art." *Traverses* 3. (October): 64–78.

———. 1987. *The French Art Market, a Sociological View*. New Brunswick, N.J.: Rutgers University Press.

New Yorker. 1989. "Franco Moschino." Jan. 9, 18–19.

Nietzsche, Friedrich. 1967. *The Will to Power*. New York: Random House.

O'Hara, Georgina. 1986. *The Encyclopedia of Fashion*. New York:

Abrams.
Paoletti, Jo B., and Claudia B. Kidwell. 1989. "Conclusion," in Claudia B. Kidwell and Valerie Steele, eds., *Men and Women, Dressing the Part*. Washington, D.C.: Smithsonian Institution Press.
Paoletti, Jo B., and Carol L. Kregloh. 1989. "The Children's Department," in Claudia B. Kidwell and Valerie Steele, eds., *Men and Women, Dressing the Part*. Washington, D.C.: Smithsonian Institution Press.
Park, Robert E., and Ernest W. Burgess. 1921. *Introduction to the Science of Sociology*. Chicago: University of Chicago Press.
Parsons, Talcott. 1951. *The Social System*. Glencoe, Ill.: Free Press.
Penn, Jean. 1982. "What Happened at Lincoln Jr. High?" *Los Angeles Times*, Fashion 82 section, April 2.
Peretz, Henri. 1989. "La Comédie de l'habit," in *Encyclopaedis, la vie au quotidien*. Paris.
Poggioli, Renato. 1968. *The Theory of the Avant-Garde*. Cambridge, Mass.: Harvard University Press.
Polhemus, Ted, and Lynn Procter. 1978. *Fashion and Anti-Fashion*. London: Thames and Hudson.
Pomerantz, Marsha. 1991. "Racy Drag." *Harvard Magazine* 93, no. 5 (May–June): 6–7.
Pond, Mimi. 1985. *Shoes Never Lie*. New York: Berkley.
Rimer, Sara. 1985. "New York Teen Agers Ever Seeking a New Look." *New York Times*, Oct. 17.
Robinson, Dwight E. 1961. "The Economics of Fashion Demand." *Quarterly Journal of Economics* 75 (3): 376.
Rosenblum, Barbara. 1978. "Style as Social Process." *American Sociological Review* 43 (June): 422–38.
Rosencranz, Mary L. 1972. *Clothing Concepts*. New York: Macmillan.
Sahlins, Marshall. 1976. *Culture and Practical Reason*. Chicago: University of Chicago Press.
Sapir, Edward. 1931. "Fashion." *Encyclopedia of the Social Sciences*, vol. 6. New York: Macmillan.
Schapiro, Meyer. 1978. *Modern Art*. New York: Braziller.
Schier, Flint. 1983. "Speaking through Our Clothes." *New York Times Book Review*, July 24.
Schmidt, William E. 1990. "A Growing Urban Fear: Thieves Who Kill for 'Cool' Clothing." *New York Times*, Feb. 6.
Schrank, Holly L., and Lois D. Gilmore. 1973. "Correlates of Fashion Leadership." *Sociological Quarterly* 14 (4): 534–43.

Schreier, Barbara A. 1989. "Sporting Wear," in Claudia B. Kidwell and Valerie Steele, eds., *Men and Women, Dressing the Part.* Washington, D.C.: Smithsonian Institution Press.

Schucking, Levin L. 1944. *The Sociology of Literary Taste.* London: Kegan Paul.

Settle, Allison. 1972. "The Birth of Couture," in Lynam 1972.

Sigerist, Henry E. 1960. *On the History of Medicine.* New York: MD Publications.

Simmel, Georg. 1904. "Fashion." Rpt. in *American Journal of Sociology* 62 (May 1957): 541–58.

———. 1950. *The Sociology of Georg Simmel.* Translated and edited by Kurt H. Wolff. Glencoe, Ill.: Free Press.

———. 1984. *Georg Simmel: On Women, Sexuality, and Love.* Translated by Guy Oakes. New Haven: Yale University Press.

Slade, Margot. 1987. "Relationships, the Allure of Longer Hair." *New York Times,* July 27.

Smelser, Neil. 1963. *Theory of Collective Behavior.* New York: Free Press.

Sproles, George B. 1985. "Behavioral Science Theories of Fashion," in Michael R. Solomon, ed., *The Psychology of Fashion.* Lexington, Mass.: Heath.

Steele, Valerie. 1985. *Fashion and Eroticism.* New York: Oxford University Press.

———. 1988. *Paris Fashion, a Cultural History.* New York: Oxford University Press.

Stern, Jane, and Michael Stern. 1990. "Decent Exposure." *New Yorker,* March 19.

Stone, Gregory P. 1962. "Appearances and the Self," in Arnold M. Rose, ed., *Human Behavior and Social Processes.* Boston: Houghton Mifflin.

Strauss, Anslem L. 1959. *Mirrors and Masks, the Search for Identity.* Glencoe, Ill.: Free Press.

Tarde, Gabriel. 1903. *The Laws of Imitation.* New York: Henry Holt.

Thom, Gary B. 1984. *The Human Nature of Social Discontent.* Totowa, N.J.: Rowman & Allanheld.

Totenberg, Nina. 1988. "Miniskirt, Maxi Blunder." *New York Times,* March 21.

Veblen, Thorstein. 1899. *The Theory of the Leisure Class.* New York: Macmillan.

W magazine. 1984. "Report on Giorgio Armani." Oct. 5–12.

Wax, Murray. 1957. "Themes in Cosmetics and Grooming." *American*

Journal of Sociology 62 (May): 588–93.
Weber, Max. 1947. *The Theory of Social and Economic Organization.* New York: Oxford University Press.
Wiese, Leopold von. 1927. "Current Sociology., 2. Germany." *Sociological Review* 19:21–35.
Wilson, Elizabeth. 1985. *Adorned in Dreams.* London: Virago Press. Republished by University of California Press, Berkeley, 1987.
Wolf, Jaimie. 1980. "Retro Babble." *New West,* Jan. 14.
Young, Agnes B. 1937. *Recurring Cycles of Fashion.* New York: Harper & Brothers.

索 引

（条目后的数字为原书页码，见本书边码）

Abrams, Gary 艾布拉姆斯，加里，50
Acceptance of fashion 接受时尚　参见 Failures in fashion; Public opinion and influence
Accessories 配饰，6n, 22—23, 34, 48, 51
Adolfo (designer) 阿道夫（设计师），92
Adorno, T. W. 阿多诺，T. W.，121
Aesthetic appeal of fashion 审美吸引力，145—146
AIDS and culture 艾滋病与文化，99, 133, 182
Ambiguity and ambivalence, defined and compared 歧义与矛盾，定义和比较，21—23　也参见 Clothing as language: ambiguity of; Identity ambivalences
Androgynous dress 中性着装，35—37, 42—46, 48, 53—54, 170, 176
Annie Hall look 安妮·霍尔造型，42, 44
Anspach, Karlyne 安斯帕奇，卡琳，105, 138
Antifashion 反时尚，71, 77, 132—133, 161—188, 191, 202; activists and actors 活动家和演员，162—164, 166, 167, 169—171, 173, 177—178; ambivalence of 矛盾性，164, 166, 167, 174, 181—182, 184—187; and bohemia 与波西米亚，185—186; conservative scepticism theme 保守的怀疑主义主题，178—180; counterculture themes 反文化主题，183—186; definitions and analyses of 定义和分析，161—162, 164—168; feminist protest theme 女性主义的抗议主题，172, 175—178; health and fitness naturalism theme 健康和健身的天然主义主题，171—174; history of 历史，162, 168—169, 172—173, 175, 177—178; minority groups themes 少数群体主题，180—183; of religious sects 教派，180—181; social protest 社会抗议，162; styles described 风格描述，164—166, 170—171, 174, 181—185; themes and motives, cultural and social 主题和动机，文化与社会，168, 173, 175, 178, 180, 187—188; utilitarian outrage

179

themes 功利主义的愤怒主题,168—171
Appadurai, Arjun 阿帕杜莱,阿尔君,199
Apparel industry and market 服装行业与市场: competition 竞争,115,134,136—137,140; department stores and other retailers 百货公司和其他零售商,114,143,152—154; "industrial web" "工业网",26,145—146,152—153; investments, profit, and loss 投资、利润和损失,141—142,149—150,203—204; modifications to moderate the line 调整以缓和生产线,152—154; public acceptance of merchandise 公众对商品的接受,10,26,107,126,136,140—141,148; similarities and consensus in design 设计中的相似性和一致性,133,135—136 也参见 Economic aspects of fashion; Professionals and craftsmen in fashion; Ready-to-wear clothes
"Appearential ordering" "外观序列" 参见 Social differentiation
Armani, Giorgio 阿玛尼,乔治,45,128,141
Ashley, Iris 阿什利,艾丽斯,64,132
Athletic and fitness attire 运动和健身装束,26,171,173—174
Auden, W. H. 奥登,W. H.,109

Back, Kurt W. 巴克,库尔特·W.,76
Barber, Bernard 巴伯,伯纳德,112
Barthes, Roland 巴特,罗兰,5,6,72,119,195,200
Batterberry, Ariane 巴特贝里,阿丽亚娜,28,58,68,129,138
Batterberry, Michael 巴特贝里,迈克尔,28,58,68,129,138
Baudrillard, Jean 鲍德里亚,让,72,195

Becker, Howard S. 贝克尔,霍华德·S.,12,134
Beene, Geoffrey 比尼,杰弗里,179—180
Belasco, Warren A. 贝拉斯科,沃伦·A,69—71
Bell, Daniel 贝尔,丹尼尔,158
Bell, Quentin 贝尔,昆廷,28,38—39,41,105,107—108,136
Bergler, E. 伯格勒,E.,81
Bernstein, Basil 伯恩斯坦,罗勒,39
Blalnick, Manolo 伯拉尼克,莫罗,162—163
Blass, Bill 布拉斯,比尔,142
Bloomer, Amelia 布卢默,阿梅莉亚,53—54,173
Blue jeans 蓝色牛仔裤 也参见 Jeans
Blumer, Herbert 布鲁默,赫伯特,7,17,54,60,110,113—120,129,134,141,149,166,193—194,199,200
Bodily constraints in fashion 时尚中的身体束缚,97
Body parts accentuated by clothes 衣服凸显的身体部位,82—83,85—89,92—94,96—97,136
Bogart, Anne 博加特,安妮,135
Boodro, Michael 布德罗,迈克尔,129
Bordo, Susan 博尔多,苏珊,37
Bourdieu, Pierre 布尔迪厄,皮埃尔,59,114,136
Brantley, Ben 布兰特利,本,35,164
Brenninkmeyer, Ingrid 布伦尼克迈耶,英格丽德,33,38,104—105,124,138,150
Brubach, Holly 布吕巴赫,霍莉,6,52,89,130,141,144,157,161,174,187
Burgess, Ernest W. 伯吉斯,欧内斯特·W.,120
Burke, Kenneth 伯克,肯尼斯,25

Burnum, John F. 伯纳姆，约翰·F, 194
Bush, George 布什，乔治, 59
Business attire 职业装, 27—28, 34　也参见"Dress for success"

Calvino, Italo 卡尔维诺，伊塔洛, 94
Cardin, Pierre 卡丹，皮尔, 35, 124, 132, 141
Carlyle, Thomas 卡莱尔，托马斯, 169
Caulfield, Lore 考菲尔德，洛尔, 50
Cerruti, Nino 塞鲁蒂，尼诺, 66
Chambers, Ian 钱伯斯，伊恩, 167
Chambre Syndicale de la Haute Couture 高级时装协会, 138
Chanel, Gabrielle 香奈儿，加布里埃, 22, 40, 50, 57, 63—64, 68, 92, 132, 137, 140, 161—162, 170, 186
Chast, R. 查斯特, R., 6, 8
Claiborne, Liz 克莱本，丽资, 148, 170
"Class differentiation" theory "阶级区分"理论　参见 Theories of Fashion: "trickle-down"
Class distinctions 阶级区隔　参见 Identity ambivalences: social status, wealth, and authority; Social differentiation; Symbolic imagery in dress and appearance: class and status
Clothes as sign system 衣着作为符号系统　参见 Clothing as language: coded consistently
Clothes as status symbol 作为地位象征的衣着　参见 Symbolic imagery in dress and appearance: class and status
Clothing as language 作为语言的服装 3, 4, 5, 6, 119, 191, 202—203; ambiguity of 歧义性, 7, 10—11, 22, 27, 41—42, 46, 58, 65, 84; coded consistently 编码的一致性, 7, 12—14, 15, 25, 27, 38—42, 64—66, 68, 86—88, 92, 95—96, 132; compared to other communication systems 与其他交流体系相比, 11—12, 25; context dependency 语境依赖性, 7, 10, 64, 88, 98; erotic 色情的, 11, 36, 88; social implications 社会影响, 10, 25—26, 65, 110—111; variability 易变性, 7—9, 14, 72
Clothing code 服装编码　参见 Clothing as language: coded consistently
Cocks, Jay 考克斯，杰伊, 128
Cocteau, Jean 科克托，让, 186
Code, clothing-fashion 编码，服装时尚　参见 Clothing as language: coded consistently
Coiffures 发饰　参见 Hairstyles
Coleridge, Nicholas 柯勒律治，尼古拉斯, 63
"Collective behavior" approach to fashion 时尚的"集体行为"方法　参见 Theories of fashion: "collective selection"
Collective component of social identity 社会身份的集体成分　参见 Identity ambivalences
Collective significance of fashion in modern society 时尚在现代社会的集体意义, 194—199
Comme des Garçons (Ready-to-wear label) "Comme des Garçons"（成衣品牌）, 141
Common people and fashion 普通人与时尚, 33, 38—39, 139—144, 147
Cone, Edward 科恩，爱德华, 135
"Conspicuous poverty" "炫耀性贫困", 73
Consumption of fashion 时尚消费, 12, 26, 139—142; class division in 阶级划分, 33, 110—112; conspicuous 炫耀性, 11, 75—76; gender division in 性别划

181

分, 38—40
Context dependency 语境依赖性 参见 Clothing as language: context dependency
Contrary human tendencies 矛盾的人类倾向 参见 Identity ambivalences
Copland, Aaron 科普兰, 阿隆, 197
Cosmetics 化妆品, 36, 38, 39, 48
Costume jewelry 人造珠宝, 22—23, 40, 51, 63
Courrèges, André 库雷热, 安德烈, 124, 132
Couturiers, independent 独立时装设计师 参见 Designers; Fashion houses; Professionals and craftsmen in fashion
Creation of fashion 时尚的创作 参见 Process of fashion: invention stage
Critic, role of in dress fashion 评论家, 在服装时尚中的作用, 127
Cross-gender claims 跨性别诉求 参见 Identity ambivalences: gender
Cross-gender styles 跨性别风格 参见 Androgynous dress
Culler, Jonathan 卡勒, 乔纳森, 11—12, 23
Cultural continuity 文化连续性, 105, 126, 130—131, 145, 178
Cultural standards, fashion's influence on 时尚对文化标准的影响, 194—199
Culturally preponderant public 文化上占优势的公众 参见 Public opinion and influence
Cunningham, Bill 坎宁汉, 比尔, 142, 149
Cycle of fashion 时尚周期, 9, 14, 16, 17, 156—158, 191; compared to other trend- and opinion-influenced spheres of culture 与其他受潮流和舆论影响的文化领域相比, 104, 120, 129—130, 134; continuity of flow 流动的持续性, 105, 126, 130—131, 145, 178; duration of 持续时间, 105, 107, 127, 140, 156; history of 历史, 105, 146—147; institutionally influenced 受体制影响, 17, 104, 120, 123, 125—126; nature of 性质, 103—104, 109; phases of 阶段, 109—110, 127, 140; and "pluralism" of fashion 与时尚的"多元性", 107—108, 112, 118, 149, 157—158; and process of fashion 与时尚进程, 109, 110, 113—114, 117—120; role of mass media in 大众传媒的作用, 107, 127, 148—149

Dali, Salvador 达利, 萨尔瓦多, 186
Dangerous Liaisons (motion picture)《危险关系》(电影), 38
Davis, Fred 戴维斯, 弗雷德, 4, 107, 113, 118—119, 158, 182, 183
Davis, Jacob 戴维斯, 雅各布, 69
Davis, Murray S. 戴维斯, 穆雷·S., 95
De Gennaro, Ralph 德·吉纳罗, 拉尔夫, 66
Delaunay, Sonia 德劳内, 索尼娅, 186
Delsaut, Yvette 德尔索特, 伊维特, 114, 136
Democratic values in clothes 服装中的民主价值观 参见 Jeans; Symbolic imagery in dress and appearance: democratic values
Democratization of fashion 时尚民主化 参见 Ready-to-wear clothes
Denim 牛仔布, 68—69, 73, 75
Descamps, Marc-Alain 德康, 马克-阿兰, 6
Designer labels 设计师标签, 75—76
Designers 设计师: and antifashion 与反时尚, 162—164, 166, 169—171, 178—179, 182, 184, 186; competition 竞争, 136—137, 142; formalists 形式主义

者，124；influencing the styles 影响风格，6，22，26，34—35，40，45—46，50，63—66，68，87，89，92，96，131—132，136，142—144；and mass consumption 与大众消费，139—142，148；original artists 原创艺术家，125，128—129；personalities 个性，106—107，139，140n，14；recognition 知名度，139

Diaghilev, Sergei 迪亚吉列夫，谢尔盖，18—76

Dialectic of fashion 时尚的辩证法　参见 Identity ambivalences

Dietrich, Marlene 黛德丽，玛琳，34

Diffusion of fashion 时尚扩散，108，112，123，140—142，147—148，200—201

Dimensions and proportions of garments 服装的尺寸和比例　参见 Physical features of garments

Dior, Christian 迪奥，克里斯汀，89，93，129

Dissent, social 分歧，社会性的　参见 Antifashion

DKNY (Ready-to-wear label) "DKNY"（成衣品牌），141

Donovan, Carrie 多诺万，嘉莉，147

Dress code, compliance with 着装规范的遵守，7，34，65—66，68

"Dress for success"(a style) "成功着装"（风格），27—28，48—50，53

Dress specificity 着装特点　参见 Styles: activity-specific

Duka, John 杜卡，约翰，35

Dyansky, G. Y. 迪扬斯基，G. Y.，65

Eco, Umberto 艾柯，安伯托，5，11，22，119

Economic aspects of fashion 时尚的经济面向，4，12，16，109，134，142—143，149—150

Ellis, Perry 埃利斯，佩里，40

Employment and dress 就业与着装，38—40，46，50—52

Emporio (Ready-to-wear label)，安普里奥（成衣品牌），141

Empson, William 燕卜荪，威廉，22

Enninger, W. 恩宁格，W.，7，119

Erogenous zones 性感区域　参见 Theories of fashion

Erotic-chaste ambivalence 色情-贞洁的矛盾　参见 Identity and ambivalences: sexuality and eroticism

Eroticization of clothes 服装的色情化，74，75　也参见 Androgynous dress

Esprit (firm) 埃斯普利特（公司），40，164

Evangelista, Linda 伊万格丽斯塔，琳达，142

Evans, Caroline 埃文斯，卡洛琳，202

Exhaustion-reaction theories 衰竭-反应理论，155

Fabulous Baker Boys, The (motion picture) 《一曲相思情未了》（电影），87

Failures in fashion 时尚的溃败，12，53—54，96，126，131，132，140—141，150，169

Fairchild, John 费尔柴尔德，约翰，12，126

Fashion and the art world 时尚和艺术界，124—125，126—127，129，134，137，155，185—186，197

Fashion/antifashion dialectic 时尚/反时尚的辩证法　参见 Antifashion: ambivalence of

Fashion as nonverbal communication 作为非言语交流的时尚　参见 Clothing as language

183

Fashion as sexual allure 作为性诱惑的时尚　参见 Identity ambivalence: sexuality and eroticism

Fashion as Western phenomenon 作为西方现象的时尚, 25—28

Fashion defined and explained 时尚的定义和解释, 14—18, 23, 26—28, 52, 72, 77, 130, 200—201, 205　也参见 Anti-fashion

Fashion houses 时装屋, 137, 138, 152, 204　也参见 Professionals and craftsmen in fashion

Fashion leadership 时尚领袖　参见 Process of fashion: leadership approval stage

Fashion press 时尚媒体　参见 Mass media and fashion

Femininity 女性主义　参见 Gender-specific clothes and styles

Feminism and clothes 女性主义和服装, 37, 53, 172, 175—178

Fendi (designer, furrier) 芬迪（设计师，皮草制造商）, 65

Field, George A. 菲尔德，乔治·A., 108, 182

Fitting models 试衣模特, 146

Flügel, J. C. 弗吕格尔, J. C., 81—84, 86, 162

Foltyn, Jacques Lyn 福尔廷，雅克·林恩, 175

Foote, Shelly 富特，雪莉, 173

Forecasters in fashion 时尚预测师, 129, 135

Formalism and fashion 形式主义与时尚, 124

Forty, Adrian 富尔蒂，阿德里安, 64

Foucault, Michel 福柯，米歇尔, 176, 177

Fouquet, Jean 富凯，让, 87, 89

Fox-Genovese, Elisabeth 福克斯-吉诺维斯，伊丽莎白, 120

Frankfurt school of social criticism 法兰克福社会批评学派, 195

Fraser, Kennedy 弗雷泽，肯尼迪, 9, 50, 68, 72, 76, 96, 105, 138, 145, 148—149, 174, 195, 196

Freud, Sigmund 弗洛伊德，西格蒙德, 23

Friedmann, Daniel 弗里德曼，丹尼尔, 69, 70

Fujimura, Joan 藤村，琼, 193

Fuller, Thomas 富勒，托马斯, 101

Gans, Herbert 甘斯，赫伯特, 9, 95—96, 196

Gaultier, Jean-Paul 高缇耶，让-保罗, 34—35, 40, 136, 161, 164, 186

Geertz, Clifford 格尔茨，克利福德, 24

Gender-specific clothes and styles 特定性别的服装和风格, 9—10, 13, 27, 33—34, 38—40, 46, 53, 75　也参见 Identity ambivalences: gender; Styles: interpretations of

Gender typing, dichotomous 性别类型的二分法　参见 Identity ambivalences: gender

Geography of fashion 时尚的地域性, 29, 38, 58, 69—72, 114, 124, 143—144, 153, 172, 200, 203—204

Gernreich, Rudi 简莱什，鲁迪, 99, 131—132, 170

Giglio, Romeo 吉利，罗密欧, 186

Gilmore, Louis D. 吉尔默，路易斯·D., 148

Givenchy (designer) 纪梵希（设计师）, 89

Glassner, Barry 格拉斯纳，巴里, 174

Goffman, Erving 戈夫曼，欧文, 25, 27, 57, 111

Goldern, Tim 戈尔登, 蒂姆, 62
Goldstone, Nancy Bazelon 戈德斯通, 南希·巴泽伦, 53—54
Gontcharova, Nathalie 冈察洛娃, 娜塔莉娅, 129
Goodwin, Betty 古德温, 贝蒂, 87
Gottdiener, Mark 戈特迪纳, 马克, 35
Gray, Francine du Plessix 格雷, 弗朗辛·杜·普莱西克斯, 22
Green, Peter 格林, 彼得, 129
Grindering, M. P. 格林德, M. P., 104, 148
Grooming 梳妆打扮, 48, 50, 66—68
Gross, Michael 格罗斯, 迈克尔, 45, 125, 163—164, 179, 184
Groupings, social 社会的集团化, 8—9, 15, 108, 166
Grumbach, Didier 戈巴克, 迪迪埃, 143
Gusfield, Joseph 古斯菲尔德, 约瑟夫, 166, 184

Hairstyles 发型, 34, 36, 37, 39, 51
Harris, Ron 哈里斯, 罗恩, 62
Haute couture 高级时装, 138—144
Hawkes, Terence 霍克斯, 泰伦斯, 13
Hawkins, Timothy 霍金斯, 蒂莫西, 66
Hebdige, Dick 赫伯迪格, 迪克, 167, 184, 199
Henderson, Gordon 亨德森, 戈登, 152
Herrick, Robert 赫里克, 罗伯特, 3, 11
Herzlich, Claudine 赫兹利希, 克劳迪纳, 194
History of fashion 时尚史: 13th—16th centuries 13—16世纪, 17, 28—29, 58, 105; 17th century 17世纪, 33, 146; 18th century 18世纪, 33, 38—39, 68, 146; 19th century 19世纪, 34, 37, 39—40, 42, 64, 66, 69, 97—98, 105, 131, 139, 146; 20th century, first half 20世纪上半叶, 40, 64, 66, 82, 105, 107—108, 131—132, 139, 150, 186, 204; 20th century, second half 20世纪下半叶, 28, 34—37, 42, 44—45, 68—73, 75, 93—94, 96, 99, 126, 130, 132—133, 136, 140—141, 143—144, 150, 156—158, 201 也参见Antifashion; Cycle of fashion
Hochswender, Woody 霍克斯温德, 伍迪, 62, 73, 107, 135, 137, 142—143, 148, 152, 164, 171, 184, 204
Hofmann, Deborah 霍夫曼, 黛博拉, 73
Hollander, Anne 霍兰德, 安妮, 9, 28, 37, 46, 58, 64, 81, 132, 138
Homosexuality, and interest in fashion 同性恋, 与对时尚的关注, 35
Horowitz, R. T. 霍罗威茨, R. T., 147
Hoz, Madame Martinez de, and fashion leadership 马丁内斯·德·霍兹夫人, 与时尚领袖, 148

Identity ambivalences 身份矛盾, 16—18, 23—29, 37—38, 46, 54, 57, 84—85, 103, 111, 158, 178—179, 191; collective 集体的, 26—27; as fashion mechanism 作为时尚机制, 25—29, 54, 57—58, 71—73; gender 性别, 10, 25, 27—28, 33—34, 38, 42—46, 50, 172—173 (也参见Androgynous dress); occupational 职业的, 10—11, 28, 39, 46—47, 70; sexuality and eroticism 性和色情, 35, 37, 42, 81—87, 88—89, 92—97; social status, wealth, and authority 社会地位、财富和权威, 29, 38, 41—42, 48, 57, 60—65, 69—73, 180—182; as Western phenomenon 作为西方现象, 26—28, 42, 46, 54, 94, 98—99

185

Indifference to fashion 对时尚漠不关心 参见 Trendsetters and indifferents
Industrial society and dress 工业社会与着装 参见 History of fashion: 19th century
Information media and fashion 信息媒介和时尚 参见 Mass media and fashion
Interviews 采访, 35, 45, 50, 126—127, 177—178
Invidiousness of fashion 时尚的反感, 71—72, 76—77, 168—169, 175, 198

Jameson, Fredric 詹姆逊, 弗雷德里克, 195
Janovy, Jena 亚诺维, 耶纳, 171
Jasper, Cynthia R. 贾斯珀, 辛西娅·R., 70, 202
Jeans 牛仔裤, 65, 68—76, 132—133
Jensen, Lisa 詹森, 丽莎, 87, 95
Joseph, Nathan 约瑟夫, 纳森, 10
Judeo-Christian values and dress 犹太-基督教的价值观和服饰, 62, 93

Kaiser, Susan B. 凯瑟, 苏珊·B., 109, 119, 155, 202
Kane, Perrie 凯恩, 佩里, 152
Karan, Donna 卡兰, 唐纳, 141
Katz, Elihu 卡茨, 伊莱休, 149
Kawakubo, Rei 川久保玲, 141
Kelly, Patrick 帕特里克, 凯利, 136
Kidwell, Claudia Brush 基德韦尔, 克劳迪亚·布拉什, 36, 126
King, Charles W. 金, 查尔斯·W., 108, 112, 148
Kinsley, Michael 金斯利, 迈克尔, 15
Klapp, Orin 克拉普, 奥林, 17, 107, 157, 166
Klein, Calvin 克莱恩, 卡尔文, 87, 161, 162, 204
"knock-offs" "山寨货", 140
Kolodzie, Ronald 科洛奇, 罗纳德, 166
König, René 柯尼希, 勒内, 28, 38, 58, 60, 81, 104, 105, 113, 138
Kopkind, Andrew 科普金德, 安德鲁, 167, 182, 184
Kovats, Edith 科瓦茨, 伊迪丝, 115
Kregloh, Carol L. 克雷格洛, 卡罗尔·L., 33
Kroeber, A. L. 克罗伯, A. L., 105
Kron, Joan 克朗, 琼, 174
Kronenberg, Louis 克罗恩伯格, 路易斯, 109
Kuhn, Thomas S. 库恩, 托马斯·S., 193
Kunzle, David 孔兹, 戴维, 97—98

Labor force and dress 劳动力和服装 参见 Employment and dress
Laclos, Choderlos de 拉克洛, 肖德洛·德, 39
Lacroix, Christian 拉克鲁瓦, 克里斯汀, 68, 125, 140—141, 144
Lagerfeld, Karl 拉格费尔德, 卡尔, 65, 68, 92, 136, 144
Lang, Gladys Engel 朗, 格拉迪斯·恩格尔, 40—41, 151
Lang, Kurt 朗, 库尔特, 40—41, 151
Lardner, James 拉德纳, 詹姆斯, 204
Lasswell, Harold 拉斯韦尔, 哈罗德, 176
Latour, Anny 拉图尔, 阿尼, 64
Lauer, Jeanette 劳尔, 珍妮特, 14, 173
Lauer, Robert 劳尔, 罗伯特, 14, 173
Lauren, Ralph 劳伦, 拉夫, 46, 63, 182
Laver, James 拉弗, 詹姆斯, 38, 83, 85, 86
Le Bon, Gustave 勒庞, 古斯塔夫, 120
Lee (designer label) "Lee"（设计师品牌）, 76

Lee, Joseph 李, 约瑟夫, 31, 33
Lemperly, Barbara 莱珀利, 芭芭拉, 143
Levine, Bettijane 莱文, 贝蒂扬, 184
Levine, Donald N. 莱文, 唐纳德·N., 5, 19, 21
Lévi-Strauss, Claude 列维-斯特劳斯, 克洛德, 5
Levi Strauss, Morris 李维·施特劳斯, 莫里斯, 69, 76
Lipovetsky, Gilles 利波维茨基, 吉尔, 198
"Little black dress" (a style) "小黑裙" (一种风格), 64
London, Perry 伦敦, 佩里, 59
Lorillard, Pierre 洛里亚尔, 皮埃尔, 66
Louie, Elaine 路易, 伊莱恩, 108, 167
Lowe, Elizabeth D. 洛维, 伊丽莎白·D., 85, 105, 132, 145
Lowe, John W. G. 洛维, 约翰·W. G., 85, 105, 132, 145
Lurie, Alison 卢里, 艾莉森, 3, 46, 53, 92
Luther, Mary Lou 卢瑟, 玛丽·卢, 126, 150
Lynam, Ruth 莱纳姆, 鲁思, 129
Lyotard, Jean François 利奥塔, 让·弗朗索瓦, 195

MacCannell, Dean 麦坎内尔, 迪恩, 14
MacCannell, Juliet Flower 麦克康奈尔, 朱丽叶·弗劳尔, 14
Makeup 化妆, 36, 38—39, 48
Manicure 修剪指甲　参见 Grooming
Manufacture and production 制造和生产　参见 Apparel industry and market: "industrial web"
Masculinity 男性气质　参见 Gender-specific clothes and styles; Men's dress
Mass culture 大众文化, 197
Mass media and fashion 大众媒介和时尚, 107, 114—115, 125—127, 139, 148—149, 169, 194
Master statuses 主体状态　参见 Identity ambivalences
McCardell, Claire 麦卡德尔, 克莱尔, 137, 170
McColl, Pat 麦科尔, 帕特, 89
McCracken, Grant 麦克拉肯, 格兰特, 6, 112
Mead, George Herbert 米德, 乔治·赫伯特, 13, 24, 83, 182—183
Meaning of clothes 衣着的意义　参见 Clothing as language
Media and fashion 媒介和时尚　参见 Mass Media and fashion
Medicine, "fashion" in "时尚"中的医学, 194
Mehan, Hugh B. 米恩, 休·B., 205
Men's dress 男装, 34—37, 38—42, 62, 205
Merchandising 营销　参见 Apparel industry and market
Metaphors in dress 服装中的隐喻　参见 Symbolic imagery in dress and appearance
Meyersohn, Rolf 梅尔森, 罗尔夫, 149
Mididress 迷笛裙, 96, 126, 150, 169
Mikli (designer) 米恺力(设计师), 6
Milbank, Caroline R. 米尔班克, 卡罗琳·R., 141
Milhaud, Darius 米约, 达律斯, 204
Millman, Marcia 米尔曼, 玛西娅, 175
Minagawa, Makiko 皆川魔鬼子, 128
Miniskirts 超短裙, 96, 150, 169
Minorities and fashions 少数群体和时尚　参见 Antifashion: minority groups themes
"Mistakes" in dress 着装"失误", 41—42,

66—68 也参见 Clothing as language

Miyake, Issey 三宅一生, 128

Modular dress 组合式服装, 170—171

Molloy, John T. 莫洛伊, 约翰·T., 28, 48, 53

Montana, Claude 蒙塔纳, 克劳德, 45, 186

Morris, Bernadine 莫里斯, 伯纳丁, 45, 87, 118, 125, 128—131, 136—137, 139, 144, 164, 180

Moschino, Franco 莫斯基诺, 弗兰科, 40, 164, 165, 186

Moulin, Raymonde 穆兰, 雷蒙德, 126

Mugler, Thierry 穆勒, 蒂埃里, 45, 142—143

Neuville, Charlotte 纽维尔, 夏洛特, 142

"New Look" (a style) "新风貌"(一种风格), 93

New York garment center 纽约服装中心, 153—154

Nietzsche, Friedrich Wilhelm 尼采, 弗里德里希, 威廉, 23

Nostalgia as inspiration 作为灵感的怀旧, 129—130

"Nouveau riche" and clothes "庸俗暴发户"与衣着, 62—63

Nudism and sexual ambivalence 裸体主义和性矛盾, 94—95 也参见 Identity ambivalences: sexuality and eroticism

Nudity in Western art 西方艺术中的裸体, 81, 87, 89

Obsolescence 过时 参见 Cycle of fashion: duration of; Process of fashion: decline and waning stage; Styles: and time factor

O'Hara, Georgina 奥哈拉, 乔治亚, 93, 106

Opposition to fashion 反对时尚 参见 Antifashion

Original inspiration in fashion 时尚中的原创灵感, 128—132, 134—137

Ornamentation and embellishment 装饰和点缀, 38, 45—46, 73—74, 89, 136

Ostentation versus understatement in dress 衣着上的浮夸与低调, 63—65

"Overdressing" and "underdressing" "过分讲究"与"过于随意", 65—66

Paley, Mrs. William and fashion leadership 威廉·佩利夫人与时尚领袖, 148

Paoletti, J. B. , 保莱蒂, J. B. , 33, 36

"Paradigmatic shift" in science 科学中的"范式转变", 193—194

Park, Robert E. 帕克, 罗伯特·E., 120

Parody and playfulness in dress 着装上的戏仿和俏皮, 40, 42

Parsons, Talcott 帕森斯, 塔尔科特, 111

Penn, Jean 潘, 基恩, 108, 156, 167

Peretz, Henri 佩雷茨, 亨利, 115

Performance error 操演偏差 参见 "Mistakes" in dress

Perfume 香水, 88

Pervasiveness of fashion outside the field of dress 时尚在服装领域之外的渗透性, 192—196, 198, 206

Pfeiffer, Michelle 菲佛, 米歇尔, 87, 95

Physical features of garments 服装的物理特征, 171—172; color 颜色, 5, 34, 46, 64, 88, 104; décolletage 低胸露肩领, 83, 92, 97; fabric and texture 面料和质地, 5, 29, 34, 38, 45, 46, 50, 58, 64—65, 69, 73, 88—89, 92, 128, 135; hemlines 裙摆, 82—83, 88, 93, 96, 104, 130—132, 136, 144, 150, 152, 178; volume and silhouette 体积和轮

廓,5—6,10,39,44,50,88,104,145
Pierret,Janine 皮埃雷,珍妮,194
Pluralism of fashion 时尚的多元化　参见 Cycle of fashion: and pluralism of fashion
Poggioli,Renato 波及奥利,雷纳托,186
Poiret,Paul 波烈,保罗,131,186
Polarities 极性　参见 Identity ambivalences
Polhemus,Ted 波尔希默斯,泰德,28,161,167
Pomerantz,Marsha 波梅兰茨,玛莎,42
Pomodoro,Carmelo 波莫多罗,卡梅洛,179
Pond,Mimi 庞德,米米,92
Popova,Lyubov 波波娃,柳博芙,129
Porter,Cole 波特,科尔,88
Postindustrial society and dress 后工业社会和服饰　参见 History of fashion: 20th century
Poulenc,Frances 普朗克,弗朗西斯,204
Prêtà porter 成衣　参见 Ready-to-wear clothes
Process of fashion 时尚的进程: assimilation of a new style 新风格的同化,150—154; compared to other social processes 相较于其他社会进程,192—194; constraints and inhibitions in 限制和抑制,140,143—146; decline and waning stage 衰退期,154—156; generic character of 一般特征,117—118,144—145; increasing visibility stage 提高知名度的阶段,149—154; institutionalized influences 建制化的影响,123,125—126,128,148—149; introduction stage 引入阶段,133—137,139—145; invention stage 发明阶段,124—133; leadership approval stage 领袖认可阶段,146—149; nature of 性质,103—104,123,144; overlapping stages 重叠阶段,119,123,148—149,156; and polycentrism 与多中心主义,108,112,118,149; and social phenomena 与社会现象,4,107—108,118,132—133,139—141,143—144,158,183—186　也参见 Antifashion
Procter,Lynn 普罗克特,林恩,28,161,167
Professionals and craftsmen in fashion 时尚业内人士和工匠,105—107,124,126—127,137,139,146,152
Profits 利润　参见 Apparel industry and market: investments, profit, and loss; Economic aspects of fashion
Promostyl (firm) "Promostyl"（公司）,129
Proust,Marcel 普鲁斯特,马塞尔,146
Psychocultural forces and fashion 心理文化影响与时尚,82—85
Public opinion and influence 舆论与影响力,15,26,34—35,70—71,134,141—142,144,146,151
Pure design and fashion 纯粹的设计和时尚　参见 Formalism and fashion

Range of fashion in culture and society 文化和社会中的时尚领域,192—194,206
Ray-Ban (firm) 雷朋（公司）,6
Ready-to-wear clothes 成衣,139—142
Reich,Charles A. 雷奇,查尔斯·A.,68
Religion and clothes 宗教和服装,25—26
Renta,Oscar de la 德拉伦塔,奥斯卡,76
Restrictions and license in dress 着装方面的限制和许可　参见 Clothing as language: coded consistency
Revivals 回潮　参见 Nostalgia as inspiration
Rhetorical consolation of fashion 对时尚

189

的修辞慰藉, 179
Rich-poor inversion in dress 衣着上的贫富倒置 参见 Symbolic imagery in dress and appearance: class and status
Rimer, Sara 里默, 萨拉, 60, 108, 156
Rive Gauche (Ready-to-wear label) 左岸（成衣品牌）, 141
Roach-Higgins, Mary Ellen 罗奇-希金斯, 玛丽·艾伦, 70, 202
Robinson, Dwight E. 鲁滨逊, 德怀特·E., 112
Role of fashion in culture and society 时尚在文化和社会中的作用, 194—199, 206
Romantic values and dress 浪漫的价值观和服饰, 93
Rosenblum, Barbara 罗森布拉姆, 芭芭拉, 128, 145
Rosencranz, Mary L. 罗森克兰茨, 玛丽·L., 11
Roth, Christian Francis 罗斯, 克里斯蒂安·弗朗西斯, 96

Sahlins, Marshall 萨林斯, 马歇尔, 6, 88
Saint Laurent, Yves 圣罗兰, 伊夫, 45, 76, 89, 141, 178
Sand, George 桑, 乔治, 34
Sapir, Edward 萨丕尔, 爱德华, 5, 6, 9, 111
Satorical dialectic 饱和辩证法 参见 Identity ambivalences
Saturation of fashion 时尚的饱和 参见 Process of fashion: decline and waning stage
Saussure, Ferdinand de 索绪尔, 弗迪南·德, 5
Schapiro, Meyer 夏皮罗, 迈耶, 133, 155
Scheer, Lisa 希尔, 丽莎, 135

Schiaparelli, Elsa 夏帕瑞丽, 艾尔莎, 40, 68, 186
Schier, Flint 席尔, 弗林特, 6
Schlemmer, Oskar 施莱默, 奥斯卡, 129
Schmidt, William E. 施密特, 威廉·E., 61
Scholarship in fashion 时尚的学术研究 参见 Sociology: fashion as a subject of study in
Shrank, Holly L. 施兰克, 霍利·L., 148
Schreier, Barbara A. 施莱尔, 芭芭拉·A., 172
Schucking, Levin L. 许金, 莱文·L., 110
Science, "fashion" in "时尚"中的科学, 193—194
Selwyn, Harriet 塞尔温, 哈里特, 171
Semioties and fashion 符号学与时尚 参见 Clothing as language
Settle, Allison 塞特尔, 埃里森, 139
Sex appeal and fashion 性感与时尚 参见 Identity ambivalences: sexuality and eroticism
Shamask, Ronaldus 沙玛斯克, 罗纳德斯, 179
Shaw, George Bernard 萧伯纳, 109
Shows (fashion), semiannual 半年一次的时装秀, 125, 138, 141—143, 152
Sigerist, Henry Ernest 西格里斯特, 亨利·欧内斯特, 194
Signifier-signified relationship 能指-所指关系 参见 Clothing as language: variability
Simmel, Georg 齐美尔, 格奥尔格, 9, 23, 41, 59, 108, 110—114, 134, 146, 159, 200
Smelser, Neil 斯梅尔瑟, 尼尔, 176
Social controls, failure of 失败的社会控制, 61—62, 183—184

Social differentiation 社会分化, 8—9, 33, 38—39, 51, 58—60, 64, 110—113, 191

Social identity 社会身份　参见 Identity ambivalences

Society, stratification of 社会阶层之分　参见 Social differentiation

Sociological analysis of fashion 时尚的社会学分析　参见 Sociology

Sociological attributes of person 人的社会学属性　参见 Identity ambivalences

Sociology 社会学: fashion as a subject of study in 作为研究学科的时尚, 3, 5, 13, 16—17, 23, 59—62, 81—83, 104—105, 108—120, 149, 182—183, 194—196; "fashion system" and "populist" models "时尚体系"和"民主主义"模式, 200—206

Sokol, Susan 索科尔, 苏珊, 152

Spengler, Oswald 斯宾格勒, 奥斯瓦尔德, 105

Sproles, George B. 斯普罗斯, 乔治·B., 109, 123—124, 133, 154—155

Sprouse, Stephen 斯普劳斯, 斯蒂芬, 184

Status claims and demurrals 地位主张和异议, 57, 62—63

Status markers, elite and populist 地位标志, 精英与平民主义, 72—73

Steele, Valerie 斯蒂尔, 瓦莱丽, 17, 28, 36, 81, 98, 138, 146, 175

Stern, Jane 斯特恩, 简, 94

Stern, Michael 斯特恩, 迈克尔, 94

Stone, Gregory P. 斯通, 格雷戈里·P., 17, 25, 119, 179

Stratification of society 社会分层　参见 Social differentiation

Strauss, Anselm L. 施特劳斯, 安塞尔姆·L., 24

Stravinsky, Igor 斯特拉文斯基, 伊戈尔, 204

Street fashions, influences on fashion process 街头时尚, 对时尚进程的影响, 143—144, 201—203

Styles 风格: activity-specific 特定的活动, 108; Annie Hall look 安妮·霍尔造型, 42, 44; baggy denims 宽松牛仔, 75—77; conspicuous poverty 炫耀性贫困, 73; designer jeans 设计师牛仔裤, 75—76; "dress for success" "成功着装", 27—28, 48—50, 53; established versus subversive 既定的与颠覆的, 136—137, 143—144; frivolous 轻浮的, 136, 140; "from the streets" "源自街头的", 143—144; interpretations of 阐释, 9—10, 27—28, 45—46, 48—51, 132—133, 136, 144; "lamp-shade" dress, "灯罩"装, 131; "little black dress" "小黑裙", 64; "New Look" "新风貌", 93, 151; revivals 回潮, 130; signifiers 能指, 8, 82, 141; Singles, Multiples, and Units 单品、叠穿和套装, 171; "space age" "太空时代", 132; and time factor 与时间因素, 14—16, 52, 75, 82—83; topless day wear 无上装设计, 99, 131; unisex 中性, 35—37, 42, 44

Subfashions and dominant fashion 亚时尚和主流时尚, 148

Succession of styles 风格的沿袭　参见 Styles: and time factor

Sumner, William Graham 萨姆纳, 威廉·格雷厄姆, 113

Sumptuary laws 禁奢令, 58—59

Symbolic imagery in dress and appearance 服饰和外表的象征意象, 4—6, 26—27, 41, 47, 70—71, 75, 112, 119, 132—133, 199; class and status 阶级

191

和地位, 9, 22—23, 39—41, 57—62, 64—68, 70, 72, 75—76, 111, 141; democratic values 民主价值观, 62, 65, 68, 70—71, 132—133; dominant roles 主要角色, 34, 48, 176; erotic 色情的, 81—82, 84—94, 96—97; gender 性别, 27—28, 36, 46, 52; leisure 闲暇, 69—70, 72—73; sexual equality 性别平等, 37, 52—53, 172, 177; values of work and career 工作和职业的价值观, 38—40, 48, 51—53
Symbolic interactionism 符号互动论, 119

Tarde, Gabriel 塔尔德, 加布里埃尔, 9, 113, 120
Tastes and fashion 趣味与时尚, 116—117
Taste subcultures 趣味亚文化, 9, 37, 147—148
Technology of fashion 时尚的技术 参见 Apparel industry and market: "industrial web"
Tension of opposition 对立的张力 参见 Identity ambivalences
Theories of fashion 时尚理论: behavioral process theory 行为过程理论, 123, 169; "change for the sake of change" "为了变化而变化", 131—132, 145; "collective selection" "集体选择", 115—120; shifting erogenous zone 性感区域转移, 82—86; "trickle-down" "涓滴", 108, 110—115; Zeitgeist 时代精神, 26, 110, 129, 133
Thom, Gary B. 汤姆, 加里·B., 23
Thoreau, Henry David 梭罗, 亨利·戴维, 55
Thornton, Minna 桑顿, 明娜, 202
Totenberg, Nina 托滕伯格, 尼娜, 169
Traditional and folk dress 传统和民间服饰, 161, 180—181
Transparent clothes 透视装, 45, 89, 91
Trendsetters and indifferents 引领潮流者和漠不关心者, 15, 155, 161—162

Undercoding 底码 参见 Clothing as language: ambiguity of
Underdressing 穿着随性 参见 Dress code, compliance with
Ungaro, Emanuel 温加罗, 伊曼纽尔, 45, 89
Uniforms 制服, 10, 11, 28, 45, 48, 51, 64
Unisex styles 中性风格, 35—37, 42, 44 也参见 Androgynous dress
Urban crime and clothes 城市犯罪和衣着, 61—62

Valentino (designer) 华伦天奴(设计师), 136
Valmont (motion picture), 《瓦尔蒙》(电影), 38
Vanderbilt, Gloria 范德比尔特, 葛洛莉娅, 76
Veblen, Thorstein 凡勃伦, 托斯丹, 9, 41, 59, 108, 110—111, 136, 146, 169, 200
Versace, Gianni 范思哲, 詹尼, 129
Vionnet, Madeleine 维奥内特, 玛德琳, 137

Wax, Murray 瓦克斯, 默里, 88
Weber, Max 韦伯, 马克斯, 38
Weill, Kurt 魏尔, 库尔特, 197
West, Nathaniel 韦斯特, 纳撒尼尔, 65—66
Westwood, Vivienne 韦斯特伍德, 薇薇安, 186
Wiese, Leopold von 维泽, 利奥波德·冯, 113

Wilde, Oscar 王尔德，奥斯卡，1
Wilson, Elizabeth 威尔逊，伊丽莎白，53，60，138，140，172，175，198，202
Windsor, Duchess of, and fashion leadership 温莎公爵夫人，时尚领袖，148
Wolf, Jaimie 沃尔夫，杰米，118，131，180
Women's dress 女装：and career 与职业，27—28，46，48—54；cyclicity 周期性，104，175；history of elaborated code 精致编码的历史，38—46；and independent designer 与独立设计师，105—107，131—132，177；masculinization 男性化，34，36—37，132；and sex appeal 与性感，81—83，86—98，175
Work/leisure divide 工作/闲暇的划分 参见 Symbolic imagery in dress and appearance：leisure
Worth, Charles Frederick 沃斯，查尔斯·弗雷德里克，106—107，139
Wrangler (designer label) 威格（设计师品牌），76

Young, Agnes B. 扬，阿格内斯·B.，40—41
Youth problems and clothes 青年问题和着装，61—62，156，167，184

艺术与社会译丛

第一批书目

1. 《艺术界》，[美]霍华德·S.贝克尔著，卢文超译　　　　79.00元
2. 《寻找如画美》，[英]马尔科姆·安德鲁斯著，
   张箭飞、韦照周译　　　　48.00元
3. 《创造乡村音乐：本真性之制造》，
   [美]理查德·A.彼得森著，卢文超译　　　　58.00元
4. 《艺术品如何定价：价格在当代艺术市场中的象征意义》，
   [荷]奥拉夫·维尔苏斯著，何国卿译　　　　58.00元
5. 《爵士乐如何思考：无限的即兴演奏艺术》，
   [美]保罗·F.伯利纳著，任达敏译　　　　188.00元
6. 《文学法兰西：一种文化的诞生》，
   [美]普利西拉·帕克赫斯特·克拉克著，施清婧译　　　　48.00元
7. 《日常天才：自学艺术和本真性文化》，
   [美]盖瑞·阿兰·法恩著，卢文超、王夏歌译　　　　68.00元
8. 《建构艺术社会学》，[美]维拉·佐尔伯格著，原百玲译　　　　48.00元
9. 《外乡的高雅艺术：地方艺术市场的经济民族志》，
   [美]斯图尔特·普拉特纳著，郭欣然译　　　　58.00元
10. 《班吉的管号乐队：一位民族音乐学家的迷人之旅》，
    [以]西玛·阿罗姆著，秦思远译　　　　45.00元

第二批书目

11. 《先锋派的转型:1940—1985年的纽约艺术界》,
    [美]戴安娜·克兰著,常培杰、卢文超译　　　　　　　　55.00元
12. 《阅读浪漫小说:女性,父权制和通俗文学》,
    [美]珍妮斯·A.拉德威著,胡淑陈译　　　　　　　　　69.00元
13. 《高雅好莱坞:从娱乐到艺术》,
    [加]施恩·鲍曼著,车致新译　　　　　　　　　　　　59.00元
14. 《艺术与国家:比较视野中的视觉艺术》,
    [英]维多利亚·D.亚历山大、[美]玛里林·鲁施迈耶著,
    赵卿译　　　　　　　　　　　　　　　　　　　　　59.00元
15. 《时尚及其社会议题:服装中的阶级、性别与认同》,
    [美]戴安娜·克兰著,熊亦冉译　　　　　　　　　　　68.00元
16. 《以文学为业:一种体制史》,
    [美]杰拉尔德·格拉夫著,童可依、蒋思婷译　　　　　78.00元
17. 《绘画文化:原住民高雅艺术的创造》,
    [美]弗雷德·R.迈尔斯著,卢文超、窦笑智译　　　　　78.00元
18. 《齐美尔论艺术》,[德]格奥尔格·齐美尔著,张丹编译　58.00元
19. 《阿多诺之后:音乐社会学的再思考》,
    [英]提亚·德诺拉著,萧涵耀译　　　　　　　　　　　(即出)
20. 《贝多芬和天才的建构:1792年到1803年维也纳的音乐政治》,
    [英]提亚·德诺拉著,邹迪译　　　　　　　　　　　　(即出)

第三批书目

21.《划清界限?：如何对待失德艺术家的作品》，
　　[美]埃里克·豪陶洛·马瑟斯著，郭硕博译　　　　48.00元
22.《音乐避难所：在日常生活中通过音乐抵达幸福》，
　　[英]提亚·德诺拉著，萧涵耀译　　　　　　　　（即出）
23.《时尚、文化与身份认同》，
　　[美]弗雷德·戴维斯著，熊亦冉译　　　　　　　58.00元
24.《论现代诗歌》，
　　[意]圭多·马佐尼著，张小平译　　　　　　　　（即出）
25.《深于理性：情感及其在文学、艺术中的角色》，
　　[美]珍妮弗·罗宾逊著，胡晓燕译　　　　　　　（即出）
26.《步行景观》，
　　[意]弗朗切斯科·卡雷里著，郑涛译　　　　　　（即出）